瑞蘭國際

瑞蘭國際

四分之一土耳其

QUARTER OF ME, TURKEY.

「從四分之一開始擴張，知己知彼，土耳其生活觀察筆記。」

作者序

四分之一，土耳其語叫做「Çeyrek」，英文是「Quarter」。為什麼書名是四分之一土耳其？因為開始學習土耳其語大概是我人生中最重要的決定之一，土耳其一不小心就已經占了我生命的四分之一時間，然後我生命中的話題比例至少有四分之一是繞著土耳其打轉，而且生活上使用的東西有四分之一跟土耳其相關，當然護照上有四分之一蓋了土耳其的出入境章，以及我的腦袋瓜裡想的事情有四分之一是土耳其，而我的未來也很可能有四分之一跟土耳其脫不了干係（說不定還更多）。也就是說，若將一個人量化的話，我的四分之一是靠土耳其給我的元素結合出來的，因此這本書就是從這四分之一的角度來描述我觀察的土耳其。

「Quarter」是一個很有意思的字，除了當四分之一、當25美分之外，它還有個意思是「駐守」，也就是「暫時的居住」的意思。雖然我擁有一本破爛的土耳其居留證本子，可我從沒真正的定居在那裡，也就是說雖然我的確是在那裡過生活，但其實未曾真的長居於「土」。所以我也只能說我是「Quarter」。

我 四分之一 的人生，土耳其

土耳其之奇妙，單靠我一人無法呈現，所以這次特別邀請FSHRIMP FANCHIANG與輝泰合作，希望在視覺上能夠協助大家揣摩土耳其的各種情境。因為創作這本書的目的不是告訴大家我做了什麼，而是想要試著做出一本好玩、有意思的小書讓大家輕鬆地認識土耳其，甚至愛上土耳其。

書裡提到的情況，很多是土耳其圈子裡的人聚在一起時常常討論或詬病的事情，我從沒想過這些「小事」可以拿出來跟大家分享。但如果提到土耳其只能介紹藍色清真寺的話我認為很可惜，因為這些歷史上的東西已經不會改變，而真正使土耳其特別且令人又愛又恨的原因，說穿了就是土耳其人（術語是：土人），土耳其人才是我認為最奇妙也最值得跟大家介紹的土耳其風景。因此，從這麼多奇奇怪怪跟「土人」相關的事情中，大家就能窺探出土式生活的微妙與奧妙之處。

老梗會說謝謝出版社的鼎力協助，我則會說謝謝瑞蘭國際出版給我機會用力挖掘自己，讓我找到再去土耳其的好理由。也謝謝狂翻硬碟供應土國照片的鄭侑青與高珮倫，最後不能忘記全力支持我的土女時代。

魏宗林

Jem.

目錄

不一樣的用法

日常生活

品味風格

TÜRKİYE CUMHURİYETİ
POSTA
90
KURUŞ
Mustafa Kemal Atatürk (1881-1938)
AJANS-TÜRK A.Ş. 2009

TÜRKİYE
CUMHURİYETİ
EUROPA
POSTA
2 Türk Lirası
PTT MATBAASI 2012

TÜRKİYE CUMHURİYETİ
85 KURUŞ POSTA
Mustafa Kemal Atatürk (1881-1938)
AJANS-TÜRK A.Ş. 2009
TÜRKİYE CUMHURİYETİ
85 KURUŞ POSTA
Mustafa Kemal Atatürk (1881-1938)
AJANS-TÜRK A.Ş. 2009

010
011

社會 百百 款

① 當個 凱莫爾控

土耳其的國民偶像不是什麼歌手也不是什麼演員，是國父凱莫爾先生。凱莫爾（Mustafa Kemal Atatürk，不知道凱莫爾的全名土文系就白念了），是推翻奧斯曼帝國（或譯：鄂圖曼帝國）建立現代土耳其共和國的人，也是高中歷史課本上對土耳其僅有的訊息。但是比較「國父」在民眾心中的地位時，我可以肯定凱莫爾把孫中山先生遠遠拋在腦後。

先來談談凱莫爾的背景，他是軍校出身，曾代表帝國參與數次戰役，是個年輕有為的軍官。一直到帝國被列強瓜分、無法維持獨立自主時，才與有志之士站出來開啟革命運動。經過漫長的解放戰爭，內憂外患夾擊的情況下，費盡千辛萬苦才逐一把土耳其領土收復回來建立共和國。

當然建立一個國家十分了不起，但凱莫爾能贏得民心不光是因為會騎馬打仗而已。首先，他讓新建立的土耳其實施政教分離，廢除穆斯林最高權力的「哈里發」頭銜，也等同宣布新土耳其不再干涉其他伊斯蘭國家的內政，同時奧斯曼皇族也失去了僅剩的權力，此舉使土耳其世俗化，不受宗教法規限制得以迅速進步。

一般人很容易將土耳其視為阿拉伯國家，覺得所謂的「中東」都是同一種人，但他們雖然有九成以上為穆斯林，其實並未制定伊斯蘭教為國教，人民依然享有宗教自由。再者他們參考瑞士民法，建立法律之前人人平等的法律，主張提升婦女在社會上的各項權益，此舉也不同於阿拉伯世界。當時的土耳其甚至領先許多歐洲國家，賦予婦女選舉與被選舉權呢！此外國內禁止女性穿著包頭罩身的蒙面長袍，禁止男性頭戴象徵帝國時期的費士帽（fes，又稱費斯帽，是一種土耳其毯帽），服裝穿著全面西化，並關閉空洞守舊、利用宗教操弄人心的修道院與舊陵寢，重整時間、曆法以及教育制度，建立歷史與文化協會研究土耳其文化，提升民族意識而非宗教意識。還有一項影響最深的「字母改革」，原本的土耳其文是使用阿拉伯文字書寫的「奧斯曼文」，奧斯曼文艱澀難學，只有社會階級較高的族群有資格學習，這個狀況導致一般人民文盲比率很高，社會上存在極大的階級問題，但藉由將阿拉伯文字改革成比較好寫的拉丁文字，不但一舉提高了整個國家的識字率與知識水平，也借此消除了階級的隔閡，是一項擺脫東方開始吸收西方文明的象徵。至於其他許多值得效法的經濟交通政策，都是凱莫爾政府一手建立起來的，可以肯定凱莫爾是使現代土耳其能夠領先其他中東國家的最大推手。

可惜凱莫爾不到六十歲就英年早逝，我看過凱莫爾過世的紀錄片段，那情況可說是舉國都籠罩在哀傷的氣氛中，人民都為了這位偉人痛哭，感覺並不像是在作戲。土耳其人崇拜凱莫爾處處都有線索可尋，除了每逢凱莫爾逝世的紀念日必定會舉辦追思，像是每個政府機關或是私人辦公室也一定會掛著國旗與凱莫爾像，他們甚至出了一系列凱莫爾的周邊商品，可以在文具店購入，這在我們遠東目前只有韓國偶像有這種待遇。舉凡貼紙、相關書籍、月曆、車窗貼，甚至是手機殼通通都有，不

多瑪巴切（Dolmabahçe）皇宮的鐘塔，凱莫爾最後就是在
多瑪巴切皇宮過世的。

凱莫爾的年曆，左二是凱莫爾。

好意思我也是迷妹之一，只要是凱莫爾的產品我都會被吸過去。土耳其人愛他，甚至給予他專屬的姓氏「Atatürk」，意思為土耳其之父，並明文規定他人不可使用，加上國父本身也無子嗣，除了為了紀念他的伊斯坦堡Atatürk國際機場，這個姓氏真的是世上獨一無二。凱莫爾雖然是軍人出生，卻沒有軍人的一板一眼，不但相貌英俊，根據他所遺留下的用品也不難發現他對生活很講究，並非是個粗人。凱莫爾讓我願意自稱迷妹的原因，最重要的是遠見與執行力，縱使歷史上對他還是存有一些負面的評價，但不可否認他為土耳其奠定自由與進步的良好基礎。相較於凱莫爾這樣不為私利的政治人物，現今世界政壇裡多數的人充其量只能稱做政客吧！

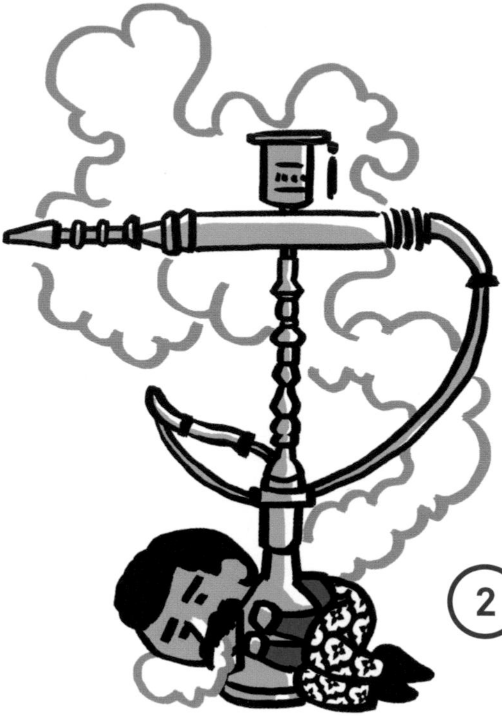

② 黑肺國

在台灣吸菸的癮君子以及姑娘們受制於禁菸法令，沒辦法自由地點上一根菸，在此我推薦這些菸品的愛好者們直飛堪稱吸菸者天堂的土耳其。那裡很難找到不吸菸的人，無論男女老少，不是襯衫口袋塞包菸就是屁股口袋，餐廳或是咖啡店的非吸菸區總是空空蕩蕩，反倒是吸菸區人滿為患。而學校牆壁上貼的禁菸標示，大部分是帶有現代藝術感的壁貼，但站在它前面點菸的人大概也都沒欣賞到。

我認為造成這種「盛況」最大的原因是社會對於吸菸的態度，在台灣，吸菸被認為是一種負面的行為，雖然對於吸菸者會予以尊重，但仍然會被視為空氣污染源，帶有不良的象徵。但是在土耳其，不抽菸的人好像才是怪咖，有時甚至被看作是不合群。當然他們對於二手菸也不是那麼在意，只要在土耳其，很難一日不吸二手菸。其實土耳其的香菸並不便宜，香菸的高稅率跟歐洲可以相比，但這依舊阻止不了香菸驚人的銷售量。

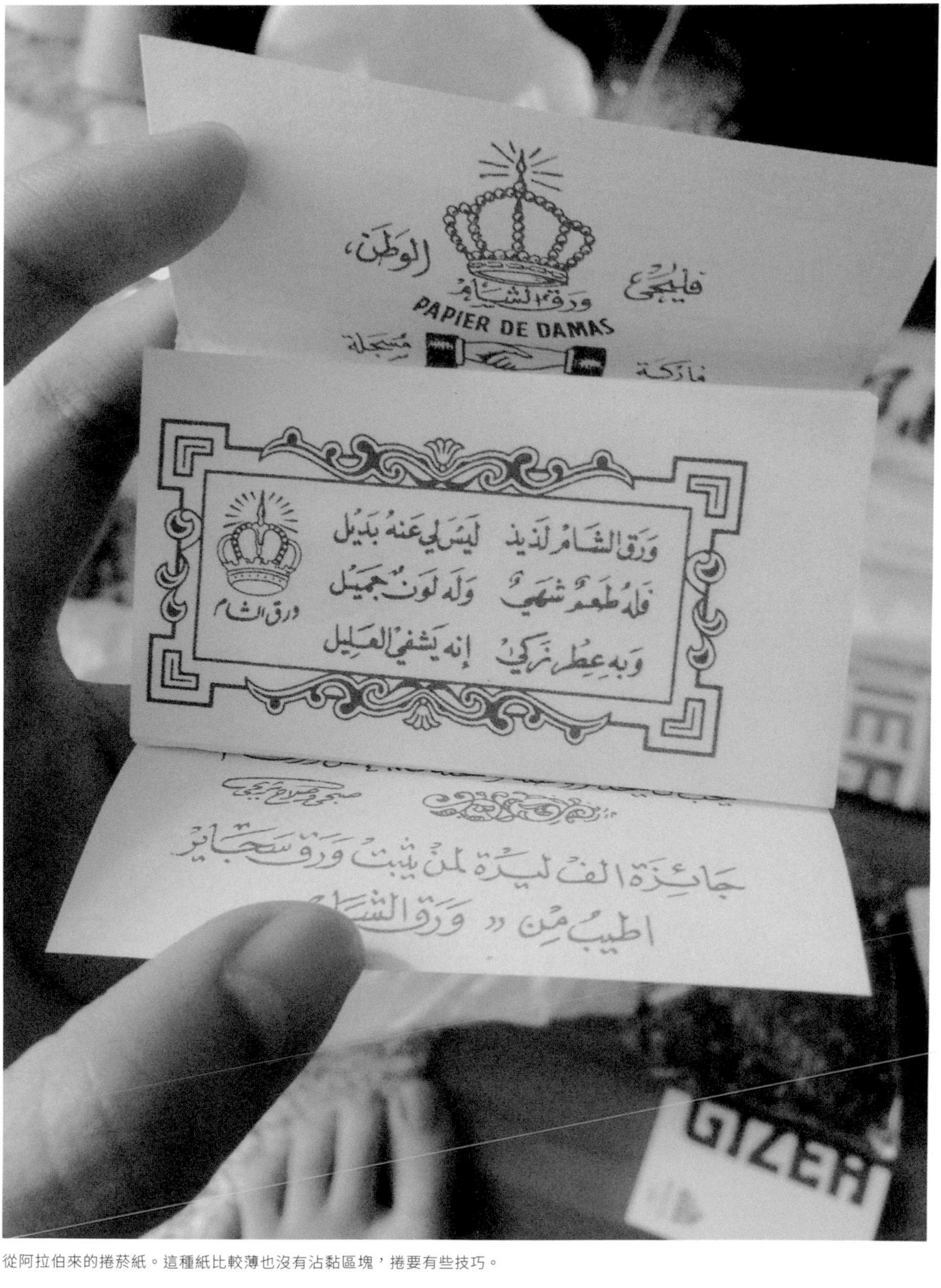

從阿拉伯來的捲菸紙。這種紙比較薄也沒有沾黏區塊，捲要有些技巧。

我在土耳其的捲菸初體驗的作品。（最後都送給室友了）

除了一般盒裝香菸之外，他們也喜歡捲菸，土耳其本地的阿德亞曼（Adiyaman）有產菸草，但這種菸草並沒有使用特定的牌子或是包裝來販售，都是出現在賣菸的攤販上。在攤販前面會有一袋袋滿滿的菸草，看起來「有機感」很強烈，比一般袋裝菸草顏色淡，也沒有那麼碎，很像是草。通常在購買的時候會先詢問一下產地，確定是從阿德亞曼來的，接著可以當場現捲一支新鮮的試抽，味道如果喜歡的話再秤重買想要的分量。然後再帶上幾盒歐洲或是阿拉伯進口的菸紙與濾嘴，這些捲菸愛好者才會心滿意足地離開。這種菸草雖然顏色淡又很像草，抽起來的味道卻不輸那些大廠牌，濃鬱醇香、順口不嗆鼻，識貨的人會一買再買，什麼包裝、廣告都沒有，卻在土耳其相當普遍。

另外還有一種很普遍的菸，就是水菸。水菸乍看之下跟抽香菸不同，味道比較淡，但其實也是以另一種形式使用菸草來吸入尼古丁，對身體的傷害不亞於香菸。土耳其水菸也是到處可抽，口味上的選擇也很多樣新潮，蘋果、香瓜水果一類的早就不稀奇，有抽過卡布奇諾的水菸嗎？現在的水菸界就是如此地新人輩出。水菸的菸草通常都放了加入味道的糖漿當作調味料，因此會黏黏稠稠的。水菸對不吸菸的人來說最大的好處就是味道沒那麼臭，偶爾也可以當作消遣去去水菸館。在有頂大市集裡可以找到玻璃製、相當華麗美觀的水菸壺，不過要抽水菸若不去店裡倒還挺麻煩，得在瓦斯爐上把炭的邊燒白了，接著放到最上層由錫箔蓋住的菸草頂上，燒出熱度之後才能開始抽。而且還得維持著這熱度，水菸才會有味道，不然只會是在水裡吸吸吐吐，什麼都沒有。在土耳其時，平常室友下班回到家都軟爛地攤著，可為了抽菸，不只可以爬起來捲菸，有天居然異想天開利用寶特瓶跟刮鬍刀自製了一個水菸壺。雖然我認為在把菸吸進去之前就會先吸進過多的塑膠毒，但不得不佩服他們為了抽個菸可以想出這麼多的花招，這大概就是真愛吧，我想！

③

室外 還是 室內

伊斯坦堡街道上的餐廳，戶外座位幾乎是家家都有。

如果一家餐廳同時擁有室內與室外的座位時，你會選擇哪一邊呢？依照國人的習慣，大概都是先走進室內再說，真的沒有位子才會勉強坐在室外吧！土耳其的話，正好相反。如果室外有空位，絕不會進到裡面，所以有戶外座位的咖啡廳或是餐廳總是高朋滿座，像是星巴克外面的座位有時居然還會多過裡面的。更甚者，有些土耳其人甚至是以能坐在半開放的室外空間來選擇要去的地方，所以就連肯德基或是漢堡王這樣的速食餐廳，也會在路邊擺幾把陽傘，圍出一區戶外座提供給消費者。

土耳其人喜歡坐在外面吹風的程度遠遠超過我能理解的範圍，這可能也是他們皮膚那麼乾的原因之一。連坐車的時候，大部分有車的朋友還有計程車司機，都會在開車的時候把窗戶完全降下來。有的人會說這樣就不用開冷氣比較省油，因為土耳其的油價堪稱是世界前幾名貴的，可我認為這完全只是因為他們就是愛「半開放」這件事。根據我的經驗，他們可以整台車的空氣對流到我的眼睛沒辦法完全張開的程度，這是個不吹冷氣的國度。

土耳其人不習慣吹冷氣，而且因為氣候的關係，有不少家庭不會裝冷氣而只有暖氣。土耳其的緯度中等，氣候四季分明，早晚溫差也大，就算是夏天，只要通風，都會非常涼爽而不至於熱到難以入眠，大部分時間只要在遮蔽物下就不會感到熱。雖然夏季豔陽高照直到晚上九點才會天黑，好在天氣乾燥不至於汗如雨下。儘管如此，室內開著冷氣怎麼想還是比較舒服，但不知為何每次都只有亞洲人或是零星的一、兩個為了安靜（不是為了冷氣）的人坐在裡面，相反地，大部分的土耳其人都是戴著太陽眼鏡，坐在室外悠閒地吃飯喝茶，享受太陽直射的時光。

那冬天呢？其實土耳其的冬天是會下雪的，而且光是秋天就已經會降到攝氏十度以下，但即使如此，他們還是要追求「半開放」。面對寒冷的天氣，他們的對策就是在座位邊放滿直立式暖爐，同時還會提供小毛毯，這個情況在餐廳很常見，可在我看來卻是非常詭異，因為看起來簡直就像是邊蓋被子邊吃飯，不浪漫到了極點。然而他們依舊樂此不疲，我記得有幾次我邊切牛排邊打哆嗦，牙齒的聲音都快蓋過刀叉的聲響了，真是匪夷所思。總之，他們有個根深蒂固的觀念：「外面比較好」，以至於許多餐廳都打著「陽台有位子」來招攬客人。

雖然我還是沒辦法改掉愛吹冷氣的習慣，可是我也漸漸被「土」化，能夠享受吹風的日子。夏天的時候，一把大洋傘一張木桌，太陽很大但吹來徐徐的涼風，桌上玻璃杯裡是鮮黃的檸檬片跟冒著汽泡的蘇打水，翹著腳半倚著桌子，什麼都不做，跟朋友不用說太多話，看看路邊來來往往的人就是一個令人滿足的下午。

我通常是因為裡面太黑或沒座位才往外移。

在不常下雨的地方，戶外座似乎是一種享受？

④

好奇心 破表

好奇心世人皆有，但我還沒見過像土耳其人這麼毫不掩飾的民族。身為東亞女生，在土耳其的路上，都會有自己是巨星的錯覺，甚至覺得有聚光燈無時無刻打在自己身上，好不威風。剛開始還會享受這種被注目的感覺，久而久之就會開始受不了，等到有天被調戲吃個豆腐，就能體會真正的巨星為什麼總想要低調。

土耳其雖然是觀光大國，第一大城市伊斯坦堡一年四季都可以看見滿坑滿谷的外國人，可除了各大觀光區域外，有的地方不是那麼容易出現外國人，尤其是東亞人又占相對少數。「物以稀為貴」，他們對於東亞人又存在很多不切實際的幻想，例如我們什麼都吃，不管是蟲子還是狗，種種的期待堆積起來，自然對我們好奇到不行。走在路上的時候，也許感受還不是那麼強烈，但搭乘大眾運輸工具時，通常都會收到來自整個車廂的注目禮。想要避免自己尷尬還得花很多心思裝自然、裝忙，後來我還冒著隨時摔個狗吃屎的風險，練就了走路不對焦的好本事，只為了不要跟他們任何一人四目相對。

我曾去到一個地方性的小博物館，剛好同個時間有一隊小學生出來校外教學，小朋友一發現有個東方人在，就開始有意無意地在我周圍繞來繞去。一開始還帶點害羞，會有一、兩個比較倒楣的被推著出來說「嘿囉」（照著土耳其文的拼音法，英文Hello本來「哈囉」的音，會念成「嘿囉」），後來得知這小眼睛的女生可以溝通之後便一發不可收拾，簡直開啟了專訪，最後還得不斷地合照。小朋友是最直接的，不會掩飾他們的好奇心，但也因為如此，整整一個小時特地要來看展品卻沒能看多少，肩膀倒是快被拍爛，搞到最後也只好匆匆離去。我可以想像校外教學的心得，應該有八成的小朋友都會寫到他們的「遠東奇遇」。為了避免一樣的事情再度發生，之後遇到類似的場景要不就是先離開，要不就是得假裝不會說土耳其文，避免自己受到影響。

這股好奇心不光是針對外地人，對路上發生的事情也是不看一眼不罷休。土耳其人開車非常隨性，沒有車道之分，有縫隙就鑽，三線道的空間可以變成五線道。他們有九成以上都開手排車，往往油門都急催急放，沒有平靜的時候。路上的行人也都是馬路想過就過，紅綠燈以及斑馬線很多時候只是當作參考，隨時可見人車爭道的場面。這種互不相讓的結果當然發生交通糾紛的機率就相當高，多的話一天可以看見兩、三起交通事故。而只要發生事故，整條馬路都會嚴重堵塞、動彈不得，但不是因為車子卡住，而是因為太多人圍觀導致。周遭的人們不管當下在做什麼，都會立刻放下手邊的工作圍上去看，七嘴八舌地討論之餘還要活靈活現地說給後到的人聽，有的車主還會直接將車停在路上，原地下車先看個究竟再說。

另外，土耳其人很愛聊天，出生地、家庭背景、學校科系、宗教信仰通通是見面的基本問句。在我們的社會裡，對初次見面的人大多不會提出太多的問題，問個一、兩句就會擔心是否太失禮而引起對方不快，可這點我倒沒在那裡感受到，還總覺得是被用警察燈照那樣地盤查。雖然知道他們沒什麼特別的想法，但還是不太喜歡，因為他們大多時候也沒認真聽，下次見面時還得不斷重複，忍不住想：既然不關心只是隨口問問，又何必問得那麼深入呢？單純的好奇，卻一點都不在意結果，有一部分原因我認為是他們的本位主義在作祟。因為大部分土耳其人對於自己的民族與國家有無比的信心，畢竟曾是風光一時、橫跨歐亞非三洲的奧斯曼帝國，所以這些人面對外國人時也會以帝國的心態來溝通。他們心中自有一套標準，一旦你的回答不符合標準，就會想要「導正」你。偶爾坐上計程車時，司機先生就會問：「你們那邊都信什麼的？」這個問答題通常會有三種走向：第一，回答屬於一神教信仰的，就過關。第二，回答多神教的，像是道教，對他們來說算是有點次等但還可以接受，因為起碼還有個信仰，不算是太糟。第三，沒有信仰的，這就很麻煩了。由於土耳其人自古受伊斯蘭文化洗禮

土耳其小孩長得可愛、眼神又會放電，實在很難不接受他們的請求。（像靴貓的招數）

很深，生活型態跟伊斯蘭教很緊密地連結，所以某些人無法想像沒有信仰該如何生活，「沒有信仰」對一些比較古板的人來說是帶有負面意思的。而這三種走向，殊途同歸都會得到一個問句：「覺得伊斯蘭教如何？」雖然我不會感覺他們是在傳教，但不免會再次感受到他們有著很自我中心的思想。

現在大城市裡土耳其人的思想越來越開放，世界各地也有很多土耳其人來來去去，這種受過去榮光影響的自滿心態也逐漸回歸現實，再加上宗教在生活上的重要性也逐漸降低，不知道再過幾年這種強烈的土式風格會怎麼改變。

回歸到他們的好奇心，好奇雖然可以增加我們學習的動機、創造的可能，可是過多的好奇心常常會讓對方逃避、甚至說謊，因此好奇還是要保持適當的尊重才行。

⑤

把齋 人生

根據伊斯蘭曆（或稱：回曆），穆斯林們每年都會有齋戒月（土耳其語稱做：Ramazan），齋戒月最後一天便是「開齋節」。所謂齋戒月就是太陽出現的時間都得齋戒，禁止進食也不能飲水，當然菸酒這類的東西更是不能夠碰。土耳其算是比較世俗化的伊斯蘭社會，所以齋戒月不一定每個人都會把齋（在限定時間遵守齋戒約定，不進食與飲水），大家也會尊重個人意願，不會利用這點作為譴責信仰的理由。齋戒月其實會有很多限定版的景象與氣氛，齋戒月的前夕，所有人的話題都會提到今年的天氣適不適合把齋、會不會很辛苦，或者是交換今年的把齋計畫，還有可能有人要把齋、有人則是因為什麼原因不把齋。

封齋開始之後，很明顯地白天路上的人看起來心情都不太好，常常眉頭深鎖，也比較安靜，可能是因為肚子餓或是口乾舌燥，整體氣氛沈悶不是那麼活潑。再加上某些人沒吃沒喝，也不開口說話，所以齋戒月也是口臭的高峰期，平常肝

蘇萊曼尼耶（Süleymaniye Camii）清真寺的內部燈飾，呈現出一種幽靜感。

火太旺的人，到了齋戒月真的是無所遁形。齋戒月期間，某些超市或商店會印製每日的作息時間表免費發送給民眾參考，即便都是土耳其，每個地方太陽起落的時間還是會略有不同，因此虔誠的穆斯林們會依照這個時間表來作息，沒在把齋的人們也會多少配合著。每天等到了太陽下山，依照開齋時間，每個清真寺幾乎同時會傳出喚拜聲，此起彼落像是合唱一樣響起；電視不管轉到哪一台，都會暫停播出原來節目，開始播放一段開齋時間的畫面，通知大家今日的吃飯時間已經到了，這頓飯他們叫做「iftar」（以弗踏），專指齋戒月晚上的那頓飯。從那喚拜聲開始到深夜三點多，整個土耳其彷彿重生，氣氛又活躍起來，街上的餐廳人聲鼎沸，步行在路上不時可以聽見大街小巷傳出刀叉與碗盤碰撞的聲響，那是一種整個土耳其人一起開動的聲音。

因為齋戒月大家要開啟特別的生理時鐘，當然餐廳也會跟著「iftar」調整營業時間。白天的時間人潮稀落，有的乾脆白天不開門，但晚上的營業時間可能拉長到半夜兩、三點，這是因為太陽升起前必須要再吃一頓，時間大概就是凌晨三點多，所以某些餐館乾脆開到大家可以吃下一頓的時間再關店。其實齋戒的目的是要使穆斯林們能夠清心寡慾，但我總覺得有時候整個社會反而都在期待「iftar」開齋時間，甚至吃的還會比平時豪華一些，當作特別的大餐來享用。

穆斯林平常做禮拜有點像是累積點數，聽說把齋可以得到雙倍點數，不過如果破戒的話也會加乘扣點，得加倍補回來才行，所以把齋這件事得先跟阿拉說好，今天如果要封齋就要遵守到底，也算是對阿拉守信。

齋戒月的時候，有的地方政府會在公園或是市民廣場開一個齋戒月小市集，整個齋戒月每天晚上營業，有點像是我們的夜市。有經費的政府也會替遊民開設免費開齋飯的帳篷，有的則會開

世界知名的藍色清真寺內的天花板。

闢一個集體吃飯的區域，在露天的地方擺上一些桌子椅子讓民眾能一起開齋。像是伊斯坦堡藍色清真寺前面的廣場，到了齋戒月的傍晚，很多家庭會攜老扶幼，手上拎著野餐籃或是外賣到廣場集合，就算桌椅不夠也有人鋪個野餐巾就坐在一旁的小草地上，等待清真寺傳來喚拜聲。開飯的場面非常熱鬧，不管舊城區有多少外國觀光客，大家還是很自在且和樂融融地一起吃飯，形成齋戒月的一種特殊景象，而且越晚越精彩。對非穆斯林的我們來說，齋戒月的影響不大，因為多數的地方還是照常營業，路上很多人也照常吃喝。不過還是要留心點，若是知道身旁有人把齋，儘量不要在他面前吃東西或是喝水，因為把齋真的很辛苦（我試過），把齋的人脾氣也比較難控制，多少得體諒一下，也算是一種禮貌。這樣把齋的生活得維持一個月，直到開齋節的到來一切才會恢復正常。

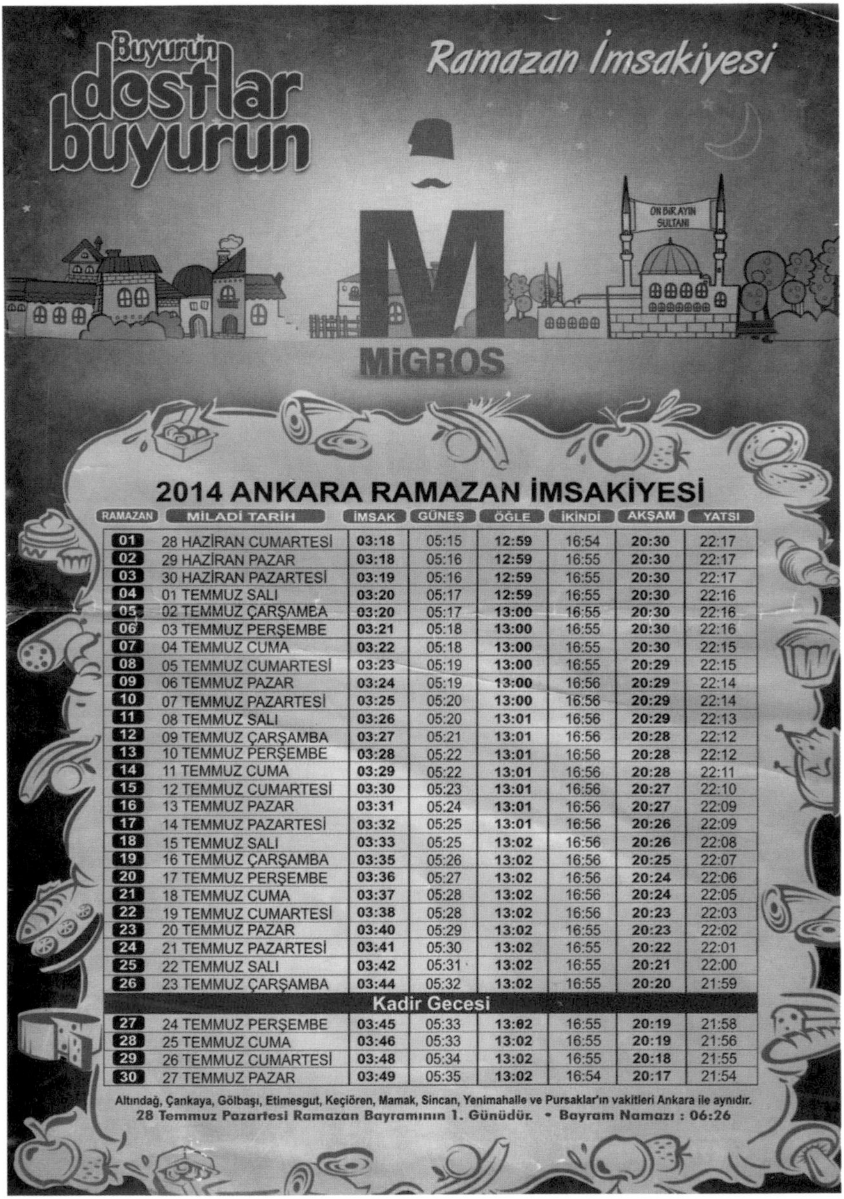

2014 ANKARA RAMAZAN İMSAKİYESİ

RAMAZAN	MİLADİ TARİH	İMSAK	GÜNEŞ	ÖĞLE	İKİNDİ	AKŞAM	YATSI
01	28 HAZİRAN CUMARTESİ	03:18	05:15	12:59	16:54	20:30	22:17
02	29 HAZİRAN PAZAR	03:18	05:16	12:59	16:55	20:30	22:17
03	30 HAZİRAN PAZARTESİ	03:19	05:16	12:59	16:55	20:30	22:17
04	01 TEMMUZ SALI	03:20	05:17	12:59	16:55	20:30	22:16
05	02 TEMMUZ ÇARŞAMBA	03:20	05:17	13:00	16:55	20:30	22:16
06	03 TEMMUZ PERŞEMBE	03:21	05:18	13:00	16:55	20:30	22:16
07	04 TEMMUZ CUMA	03:22	05:18	13:00	16:55	20:30	22:15
08	05 TEMMUZ CUMARTESİ	03:23	05:19	13:00	16:55	20:29	22:15
09	06 TEMMUZ PAZAR	03:24	05:19	13:00	16:56	20:29	22:14
10	07 TEMMUZ PAZARTESİ	03:25	05:20	13:00	16:56	20:29	22:14
11	08 TEMMUZ SALI	03:26	05:20	13:01	16:56	20:29	22:13
12	09 TEMMUZ ÇARŞAMBA	03:27	05:21	13:01	16:56	20:28	22:12
13	10 TEMMUZ PERŞEMBE	03:28	05:22	13:01	16:56	20:28	22:12
14	11 TEMMUZ CUMA	03:29	05:22	13:01	16:56	20:28	22:11
15	12 TEMMUZ CUMARTESİ	03:30	05:23	13:01	16:56	20:27	22:10
16	13 TEMMUZ PAZAR	03:31	05:24	13:01	16:56	20:27	22:09
17	14 TEMMUZ PAZARTESİ	03:32	05:25	13:01	16:56	20:26	22:09
18	15 TEMMUZ SALI	03:33	05:25	13:02	16:56	20:26	22:08
19	16 TEMMUZ ÇARŞAMBA	03:35	05:26	13:02	16:56	20:25	22:07
20	17 TEMMUZ PERŞEMBE	03:36	05:27	13:02	16:56	20:24	22:06
21	18 TEMMUZ CUMA	03:37	05:28	13:02	16:56	20:24	22:05
22	19 TEMMUZ CUMARTESİ	03:38	05:28	13:02	16:56	20:23	22:03
23	20 TEMMUZ PAZAR	03:40	05:29	13:02	16:55	20:23	22:02
24	21 TEMMUZ PAZARTESİ	03:41	05:30	13:02	16:55	20:22	22:01
25	22 TEMMUZ SALI	03:42	05:31	13:02	16:55	20:21	22:00
26	23 TEMMUZ ÇARŞAMBA	03:44	05:32	13:02	16:55	20:20	21:59
Kadir Gecesi							
27	24 TEMMUZ PERŞEMBE	03:45	05:33	13:02	16:55	20:19	21:58
28	25 TEMMUZ CUMA	03:46	05:33	13:02	16:55	20:19	21:56
29	26 TEMMUZ CUMARTESİ	03:48	05:34	13:02	16:55	20:18	21:55
30	27 TEMMUZ PAZAR	03:49	05:35	13:02	16:54	20:17	21:54

Altındağ, Çankaya, Gölbaşı, Etimesgut, Keçiören, Mamak, Sincan, Yenimahalle ve Pursaklar'ın vakitleri Ankara ile aynıdır.

28 Temmuz Pazartesi Ramazan Bayramının 1. Günüdür. • Bayram Namazı : 06:26

齋戒月（Ramazan）時間表。

Ramazan Bereketi
Migros'ta
Tüm Migros Ramazan kolilerinin içinden birbirinden değerli indirim kuponları çıkıyor.
Bereket Paketi
35,27 ₺
20,90 ₺
Kazancınız %40
• Salat Ayçiçek Yağı 1 l • Ala Çiftçi Pilavlık Pirinç 1 kg • İdeal Pilavlık Bulgur 1 kg • Kalecik Un 1 kg • Torku Küp Şeker 750 g • Tat Domates Salçası 830 g • Doğadan Geleneksel Karadeniz Çayı 500 g • Filiz Burgu Makarna 500 g • Coca-Cola 1 l Pet • Bizim Mutfak Mercimek Çorbası 65 g • Carte D'or Çikolatalı Puding 109 g
Lezzet Paketi
52,01 ₺
29,90 ₺
Kazancınız %42
• Salat Ayçiçek Yağı 1 l • Ala Çiftçi Pilavlık Pirinç 1 kg • İdeal Pilavlık Bulgur 1 kg • Kalecik Un 1 kg • Torku Küp Şeker 750 g • Tat Domates Salçası 830 g • Doğadan Geleneksel Karadeniz Çay 500 g • Filiz Burgu Makarna 500 g • Bizim Mutfak Mercimek Çorbası 65 g • Cem Gemlik Yağlı Sele Zeytin 200 g • Coca-Cola 1 l Pet • Lipton Ice Tea Şeftali 1 l • Penguen Çilek Reçeli 380 g • Nurettin Kocatepe Türk Kahvesi 100 g • Nestle Chokella 250 g • Carte D'or Çikolatalı Puding 109 g
Ziyafet Paketi
67,04 ₺
42,90 ₺
Kazancınız %35
• Salat Ayçiçek Yağı 1 l • Ala Çiftçi Pilavlık Pirinç 1 kg • İdeal Pilavlık Bulgur 1 kg • Kalecik Un 1 kg • Torku Küp Şeker 750 g • Doğadan Geleneksel Karadeniz Çayı 500 g • Filiz Burgu Makarna 500 g • Bizim Mutfak Mercimek Çorbası 65 g • Estuz İyotlu Tuz 750 g • Bizim Mutfak Tavuk Bulyon 6'lı 60 g • Kral Cinbaba 140 g • Mar Bir Vakum Zeytin 500 g • Coca-Cola 1 l Pet • Fruko Gazoz 1 l Pet • Lipton Ice Tea Şeftali 1 l • Tat Domates Salçası 830 g • Penguen Çilek Reçeli 380 g • Ege Bal Süzme Çiçek Balı 225 g • Nurettin Kocatepe Türk Kahvesi 100 g • Nestle Chokella 250 g • Carte D'or Çikolatalı Puding 109 g
sanalmarket.com.tr
MiGROS

齋戒月（Ramazan）促銷活動。

⑥

小吃 攤販

伊斯坦堡人滿為患，特別著名的舊城區、人潮多的地方或是車站碼頭，時常可見推著小車子的流動攤販。這些攤販的種類不一，以吃的占大多數。

芝麻圈（simit）：

賣芝麻圈的通常一大早七點左右就會出來，一直到晚上六、七點結束，早上出來的原因是因為來往的上班族或學生會買來當早餐吃。伊斯坦堡賣芝麻圈的車子通常前面會標示屬於哪個區域政府，每個區都會有自己的制式車型。不管何種車型，大多車上會有兩層透明櫃，下層專放芝麻圈和一種叫做「Poğaça」（波啊恰）的麵包。「Poğaça」對他們來說不算是麵包，因為裡面有放少許的油還有雞蛋，有甜的也有鹹的口味，上面帶著一層薄薄的酥皮。而櫃子的上層會放一些小包裝的起司抹醬與果醬一類的東西，覺得芝麻圈單吃太乾的人可以考慮再加個起司配著吃。芝麻圈攤車的東西也就一、兩里拉，便宜又可以

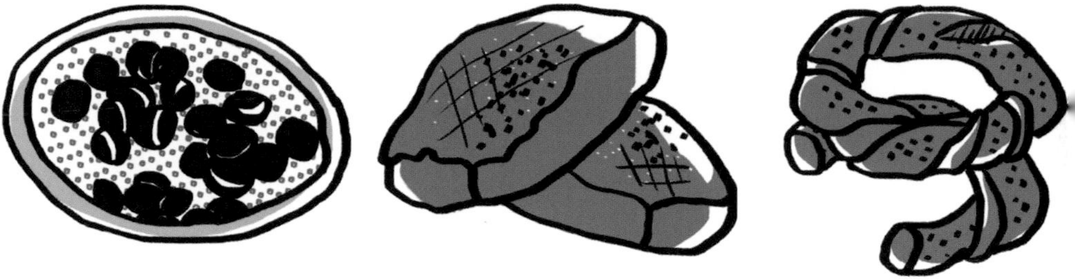

填飽肚子，最重要的是還很方便，防油紙一包就可以邊走邊吃，若趕上芝麻圈剛出爐的時候，又脆又軟還飄著芝麻香氣，那更是不可錯過。有的小販沒有車子，會把芝麻圈放在一個方形的托盤上，移動的時候就在頭上墊塊毛巾然後將托盤頂在頭上，手上提著木頭架子，等到了合適的地點再把架子打開放上托盤。叫賣芝麻圈的時候小販會喊：「simit～熱騰騰的、剛出爐的～」。

水煮玉米（misir）：

最常見的玉米攤販車是不鏽鋼的，車子的一邊有個大凹槽，裡面是滾燙的熱水，熱水底部可見一條條飽滿的黃色玉米。車子的另一邊則放有一些尚未剝皮的生玉米，等著下鍋。買玉米的時候，很簡單沒有什麼選擇性，小販只會問問要不要加鹽，然後從熱水裡夾出一條玉米之後拿一張材質粗的灰色紙托著玉米，在熱水上方熟練地撒上鹽之後便交給客人。一條一里拉左右，作為充饑的小食算是不錯的選擇。剛拿到手的時候非常燙，總是要在手上拿一陣子才能開始啃，這土耳

芝麻圈攤子。

其玉米說實話，還真不甜！跟台灣的黃玉米比較，大概只有三分糖，不過跟白玉米的味道很像，玉米的原味很強烈。有時候我在想是不是台灣農業改良實在太進步，才會讓我們覺得黃玉米原本就那麼甜，聽說現在還有水果玉米呢！反正土耳其人沒想那麼多，種出來怎樣就吃怎樣，倒也保住了食物的原味。

還有一種水煮玉米車是賣玉米粒的，這種比較常出現在百貨公司裡或是商店前面。這水煮玉米粒跟一整條的一樣，玉米本身一點都不甜，但這種攤子你可以自行調配口味，有大蒜、鹽、胡椒、番茄醬、美奶滋、石榴醋……等好幾種，任君挑選。選好之後，小販會將客人所選的所有調味料放進裝有玉米粒的大碗中攪拌，最後放進小紙碗中，客人以小湯匙食用。這玉米杯我少說也吃過兩、三回，即便每次都選不一樣的調味料，但最後搭出來的口味總是很奇怪，沒有一次讓人滿意，加上玉米本身也不是非常討喜，自此之後我也就很少吃了。

雞肉飯專賣店家。

烤栗子車（kestane kebabı）：

走在舊城區的路上，時不時會聞到一股燒焦味兒，循著焦味兒就會找到正烤著栗子的攤車。一般我們熟悉的栗子吃法，不外乎就是糖炒栗子、或是甜點中做餡兒的料，很少想到其他可能。但土耳其除了也會拿來入甜點之外，就數烤栗子最普遍。烤栗子的土耳其文叫做「Kestane kebabı」，「Kebap」（ㄎㄟˇ罷）這個詞相信大家不陌生，有時候會作為中東料理「烤肉」的代名詞，不過廣義來說，只要是燒烤的食物都可以稱做「Kebap」。這烤栗子是從奧斯曼帝國就流傳下來的小吃，最早是用柴火或是炭火來烤，現在大部分的攤車會使用瓦斯或是電的爐子，不過據說使用柴火烤出來的味道會更甘甜。現代的攤車通常是不鏽鋼面，中間會有一個圓形的烤爐，栗子小販會拿小夾子不停調整栗子在爐上的位置，直到栗子的外殼裂開有部分燒黑為止。烤好的栗子會放到爐子邊保持熱度，直到顧客上門。烤栗子的賣法是秤重，每個攤販都有個秤子，不少人

還是使用舊式法碼秤，一百克約五、六里拉。秤好的栗子會放進用厚紙折成的小袋中，保持栗子的熱度。土耳其的栗子是屬於歐洲栗，原產於歐洲東南部與小亞細亞地區，台灣看見的栗子則是中國栗。歐洲栗的特徵是體型較大、皮較容易剝開。這烤栗子的口感脆，不似台灣吃到的軟綿綿，烤得好的可以嚐到栗子本身的甘甜，也不會感到口乾難下咽。但有些放在攤子久了，烤到連內層的皮都燒焦了，吃起來就會又乾又苦，難吃得要命。

雞肉飯（tavuklu pilav）：

一提到雞肉飯，馬上腦中出現的是嘉義的噴水雞肉飯，一碗熱呼呼、淋著雞油的白飯上面鋪著火雞肉絲，有兩片黃色的醃蘿蔔點綴。土耳其也有雞肉飯，不過是路邊的小販在賣，賣雞肉飯的攤車數量比較少。雞肉飯攤車會有一個木架透明櫃，從外頭可以看見裡面有一層飯，中間參雜了「布格麥」（Bulgur，是一種麥的名字，常見於中東、印度菜，源自土耳其），飯的上面有白色的雞胸肉絲。購買的時候可以選擇大盒或小盒，還有要不要雞肉絲，價錢隨著需求從兩到四里拉不等，非常便宜。小販會用鏟子將方形的塑膠盒盛滿飯之後，再手撕雞胸肉擺上，表面撒上黑胡椒，接著放上兩根自家醃製的綠辣椒，最後插上支湯匙就可以了。大部分的人會在攤子邊隨意找個地方坐下，用湯匙兩、三口把飯扒光，或者也可以選擇外帶，外帶會用保鮮膜連同塑膠盒一同包覆住，外面再用防油的厚紙裹上。那櫃裡的飯不光只是白飯而已，而是有雞肉味道還帶點油的飯，煮的時候已經調味過有鹹味，配上黑胡椒的香氣，樣子雖然一般可卻十分美味，讓人驚豔，而且最重要的是小小一碗就可以填飽肚子，非常划算。

淡菜鑲飯的攤販小弟。

淡菜鑲飯（midye dolma）：

淡菜對我們來說是比較陌生的食物，僅在西餐裡跟其他蚌殼類的海鮮一樣來食用，但土耳其路上隨處可見的淡菜吃法就特別了。賣淡菜鑲飯的小販只會帶個圓形托盤，盤子的側邊用白色的防油紙圍起來，底部鋪上報紙，盤子下方擺個木架子，生財工具就完成了一半。圓形托盤上會依照淡菜的大小分成二到三區，每一個淡菜都像排隊一樣很有秩序地疊羅漢，如同金字塔一樣順勢而下，有空位的地方會放些鮮黃的檸檬。淡菜小販會圍個全白的圍裙，如有客人來到攤子前面，首先會依序說明不同大小的淡菜價錢，最大的行情約一里拉左右。客人決定好大小之後，小販便會替客人打開淡菜，以上殼劆起在下殼的料，連同調味飯擠上檸檬汁遞給客人，讓客人自行塞進嘴裡。有的人會先嚐味道合不合口味，畢竟每攤的味道都略有不同，若是覺得不錯就會繼續吃，小販也會不停地打開，所以不吃的時候記得一定要先說停。大多數的人就是嘴饞，會站在攤子旁邊吃他兩、三個，所以這淡菜鑲飯選對攤位是很重要的。有的小販處理不好飯會太軟，可能還會讓客人吃進一些雜質，有衛生方面的疑慮；做得好的淡菜飽滿，飯也爽口扎實，會讓人想一個接一個。

⑦

罐頭對話

過年的時候，見面會脫口而出「恭喜發財」、「新年快樂」；參加葬禮的時候會說「節哀順變」，這些是中文裡面常見的慣用語。雖然中文發展了很長的時間，也有很多成語或是俗語，但在日常生活裡我們使用慣用語的情況似乎沒有土耳其人來得花樣多，也不會全部的人都講同樣的話。

跟吃飯有關的，用法文會說「Bon appétit」（祝胃口大開），用德文會說「Guten appetit」（祝你有個好胃口），用韓文會說「맛있게 드세요」（請好好用餐），而土耳其人對要吃飯的人會說「Afiyet olsun」（阿ㄈㄧ耶 偶孫），意思也是「祝你好胃口」。至於受到他人親手做的食物招待時，得說「Elinize sağlık / Eline sağlık」（誒凌內 掃樂可），直譯是「願你的手健康」，也就是說「謝謝你親手做的食物」，而做食物或帶食物請客的人此時也會回「Afiyet olsun」，當作「請慢用」來回應。

談論與工作或需要努力的事情時，就會用到「Kolay gelsin」（口賴 給心），直譯是「讓簡單來到」，也就是說「希望工作能夠順利進行」，同時有股安慰的感覺，表示「工作辛苦了」的意味。這句話不管是對坐辦公室上班的人、出門舟車勞頓辦事的人、或是掃除勞動者都可以用。

聽見或看見他人打噴嚏的時候，會馬上說「Çok yaşa」（秋可 亞夏）表達關心之意，這句話的意思是說「長命百歲」。通常鼻涕還沒擦乾淨時，就得馬上接上「Hep beraber」（黑譜 北喇貝）或是「Sen de gör」（森得顧），表示要大家一起健康並長命百歲。不過有個奇怪的事情，土耳其人打噴嚏都一、兩下，很好抓時機，可對於我與身邊的亞洲人比較不適用，因為我們很多都有鼻子過敏的問題，只要一開始打噴嚏就是連續四、五個不間斷，而且鼻塞的症狀還會持續一整天。這樣下來，除了第一次可以聽見關心，之後可能就再也沒有了。

另外，看見別人身體不舒服的時候，若你不說「Geçmiş olsun」（給取蜜許 偶孫）就會顯得很冷血。這句話的意思是說「讓它成為過去」，也就是我們說的「早日康復」。根據「成為過去」的語意，有時候遇到很糟糕的事情或是結束了一件頭痛的事，同樣也可以使用，當作是「已經過了、辛苦了」的安慰話。

最後說明一些跟阿拉有關的慣用語，因為不管他們是不是虔誠的穆斯林，阿拉已經深植他們的語言中。像是「inşallah」（殷夏拉）與「Maşallah」（媽夏拉）兩個字都帶有阿拉的影子，詞彙源頭是阿拉伯文。先介紹「inşallah」這個字。在伊斯蘭教準則古蘭經裡寫道，穆斯林在提到未來發生的事時不可不加上「inşallah」，因為「inşallah」的意思是「如果阿拉願意的話」，也就是說萬物的運作有真主阿拉的影子存在，未來的事情要真主同意才會發生。至於現在，則使用於希望未來的某件事情會如期望般進行的祝福。例如朋友向你分享找工作面試的過程，但尚未收到結果，此時對他說「inşallah」就表示希望結果能如他所願，但沒確切說明你的想法或是對結果的意見，單純站在他的立場而言罷了。所以有時，我也會認為這樣的回覆是把責任推還給命運。

或許對比較內斂的人來說，老說這些話顯得有些矯情做作，但是使用這些用語可說是他們日常對話中不可分割的一部分，稀鬆平常，甚至很多是下意識的反應，沒說反倒顯得奇怪、不自然。姑且不管情緒是不是發自內心，這些都已經演變成一種語言習慣。

而「Maşallah」是另一個阿拉伯文的用語，用來表達喜悅、讚美與感恩之心。用這個字來讚美的同時，可提醒自己這樣美好的事物是由於真主阿拉的意志實現。一般聽到好消息或是看見美好的人事物時都可以使用這個字，穆斯林相信這樣的讚美同時可以幫助好東西免除邪惡與嫉妒的危害，所以有時候我們可以看見有些卡車或是車子上面還會以平安符的概念印著：「Maşallah」等類似阿拉保佑的標語。

我上課的浮水畫工作室旁有個爺爺，爺爺專門做的是以阿拉伯文寫成的（大部分）有關伊斯蘭的標語與古蘭經內文。

同，而同一個人在不同的地方下也會產生不同的想法。十五塊的我們很保守，努力想要留住十五塊，希望等到他二十塊或是三十塊的時候再來做什麼；但一里拉讓人感覺可以花出去，帶來超過一里拉的滿足跟快樂，而且手上還可以剩零點幾塊，跟另外的幾塊湊起來又是一里拉，一個新的開始。有時候沒有適當的利用，即使錢變多了也不懂得快樂；或者一味地守成，沒有冒險可能也就不會有更棒的收穫了！

在加拉塔大橋（Galata Köprüsü）上常會看見不少人在釣魚，釣到的魚也不用花錢，可以裝進桶子裡帶回家。

街頭上常會看見的現榨柳橙汁攤販。

在伊斯坦堡街上看見擺著蔬菜地攤的爺爺，從他的臉上看來對生活充滿喜悅。

AĞIR
TAŞIYICI ARAÇ
GEREKEBİLİR
KG
BAGAJI DİZLERİNİZİ
BÜKEREK
KALDIRINIZ
FR.67.0250
TURKISH AIRLINES
A STAR ALLIANCE MEMBER

不一樣　的 用法

① 塞滿人 就出發

土耳其地方大，想光靠兩腳生存幾乎不可能，每日光是步行的時間，最基本就是半小時至一小時。雖然幾乎每家都會有自用車，但像是伊斯坦堡這樣的大城市，交通非常糟糕，開車似乎也不是最好的選項，此時大眾運輸工具就扮演非常重要的角色。台灣看得見的大眾運輸像是公車、捷運、火車、高鐵、纜車、甚至是捷運巴士，土耳其都有，目前淡水在興建的輕軌土耳其也行之有年，但這裡想要特別介紹的是我覺得最棒的一種——共乘車。共乘車幾乎每個省都有，堪稱最方便的交通工具，民眾可以不搭公車，但不能不搭共乘車。共乘車有兩種：

第一種可算是經濟型的計程車，一台車大概是七人座，顏色也是黃色，上面會寫著「Dolmuş」（斗木許），「Dolmuş」是「滿了」的意思。搭乘的方法就是在固定站牌坐上車，等到車上位子都坐滿的時候就發車。這種共乘車的車站會寫上目的地，且有固定的路線，偶爾駕駛會因交通情況偏離，但會回到原來的路線上。車資是以人頭計算，跟計程車相比非常便宜。路線上不會有其他的站牌，想下車的時候只要跟駕駛說一聲，馬上就會停下來。但是這種車子不超載，也就是說要有人下車才能讓路上的人上車，招不招得到要看運氣。

第二種是藍色的小型巴士，稱做「Minibüs」（米你布死），有的時候也會稱做「Dolmuş」。巴士約可容納二十個人，可站可坐，也是從總站出發，只要有約七個人上車就會發車，「Minibüs」前面會掛滿許多牌子，上面注明沿途會經過的地點還有終點站。這樣的車子隨時都可以在路上看見，上車收費，隨招隨停，沿路撿人、放人。一樣也是想要下車的時候就喊一聲，駕駛馬上就會靠邊停讓你下車。

共乘車文化是我認為土耳其最有趣的事情之一。首先，共乘車駕駛是我見過最會一心多用的職業，因為車上沒有任何自動付費的裝置，也沒有公車零錢箱，所以都是駕駛手動找錢。但車資往往不是一個整數，一里拉多到兩里拉多都有，所以駕駛要邊開車邊心算，手還要收錢和找錢，有時一次上車四、五個人，每個人不但給不同的數目還要分別找錢，真是太強了。我覺得駕駛手排車已經很忙了，但對他們來說只是基本配備，有時還要講電話或跟乘客聊天，同時並點根菸來抽，最終極的駕駛還會跟路線上的商家點杯紅茶喝，最重要的是在做這些事的同時，車還是以極快的速度奔馳在馬路上。

再來，土耳其的民眾對於人與人之間的距離似乎沒有太大的感覺，有些車子的椅子是長型的，沒有間隔，很多時候即使只有一條縫，大嬸也會一屁股坐下，大腿貼大腿是家常便飯。而大家付車資也有不同的風格，一般上車時會先走到駕駛座旁邊給錢，不過有些時候也會先坐下，再把錢往前傳到駕駛那裡，找錢再依照原路傳回來。人太多很擠的時候，也是一樣請隔壁的人一個一個傳到前面去，偶爾副駕駛座的乘客還會幫忙收錢、找錢。

這樣看來共乘車似乎很隨性，但其實跟公車一樣是很有系統地運作，每個區域都有負責管理的單位，每輛車與駕駛也需要登記才能夠在路上行駛。還有一點更棒的是，他們的營業時間都很長，幾乎是二十四小時，所以不怕沒有車回家，只怕等不到人把車坐滿。

疾駛的共乘車經過停車招牌。

番紅花城街道上的共乘車。

② 客運與車少

土耳其幅員遼闊，省分與省分之間的交通還是以陸路最為普遍，雖然有火車或是高鐵，但不如客運選擇性多且機動性高，以經濟實惠的角度而言，客運為優先考量。然而也因此，發展出競爭激烈的客運生存戰，轉運站裡面大大小小的客運公司，讓人看得眼花繚亂，價格跟服務也是差距甚遠。而不同的地區也有不同的公司，並不是全省都跑，加上有的時候也不能掌握路線與車輛品質，搭乘時可得留心。

省分與省分之間近則兩、三個鐘頭，遠的可以達到十二、三個小時的車程，那麼長時間的路程，當然得慎選客運公司才行。印象中，一般不錯的客運會有比較大的椅子，還有小螢幕可以看部名不見經傳的電影，或是收訊不穩的新聞台，大概再加上駕駛先生親切的廣播問候，也就可以算是服務良好。但在土耳其這些都算很陽春，這種等級只能說是經濟型，沒辦法在激烈的市場上取得優勢及口碑。

坐上最後一班夜車開往伊斯坦堡，空蕩蕩的月台。

那麼好的土耳其客運應該是如何呢？首先，車少是基本的，就像飛機會有空服人員，車子也得有車服人員。當乘客都坐定之後，車少會從櫃子拿出摺疊推車，推車上會放餅乾跟小蛋糕、瓶裝冷飲（汽水、果汁跟水），還有一壺滾燙的熱水。從最前排開始，一位一位詢問需要喝些什麼、吃些什麼。可以選擇喜歡的點心以免路上肚子餓，然後選一杯喝的，冷飲之外熱飲可以選擇熱紅茶或是三合一咖啡。根據季節，運氣好的時候夏天一上車就可以吃盒冰淇淋。這種車少服務我目前還沒有在其他國家見過，也算是土耳其人力資源旺盛的一種表現吧。

大部分長途的車子會裝有個人車上娛樂系統，等級隨公司的新舊大小有所區別，跟飛機上的比起來功能稍微少一點，但也是夠用了，熱門電影、流行音樂、前置攝影機影像……等，比總是轉來轉去的五個頻道好上百倍。許多車子也已經配有訊號良好的無線網路，在這個部分土耳其反倒比我們台灣領先了好幾年，如果有攜帶個人的行動裝置就更不用擔心會無聊了。

土耳其的客運上沒有廁所，因此中間都會停靠休息站，並根據車程長短來決定停留次數，大約兩、三個鐘頭就會停一次，每次休息三十分鐘左右。休息站備有廁所、餐廳、名產店，大部分的人都會下車活動筋骨、抽菸買東西吃，尤其是坐夜車的時候，最期待休息站的到來，除非已經睡死了，不然還是要下車透透氣才不會憋死在車裡。

在土耳其動輒要坐六、七個鐘頭的車，讓我練就無比的耐心，坐車的功力也大幅提升。回到台灣，南北四、五個小時簡直是咻一下，還沒感到無聊就到了。所以下次千萬不要跟住在土耳其的人（如果遇得到）抱怨太遠不想回鄉下過年，聽起來實在是太不惜福了！

車少的服務情形。

客運轉運站的購票櫃檯人員。

客運大巴士。

3

吃貨的 天堂

土耳其料理身為堂堂世界三大美食之一（另兩大是法國與中國，另一說是去除土耳其改為義大利），土耳其人對美食的熱愛自然不能少於另外兩大菜系的支持者。土耳其菜的滋味在土耳其人的心中可是世界最頂級的，只要一開口聊起，總有講不完的稱讚。他們老是說，土耳其菜是讓他們無法維持身材的罪魁禍首。沒錯！先撇開難以取代的滋味，土耳其料理中有很多肉類、馬鈴薯一類的根莖類，主食又是麵包，真正的吃貨的確很難保持勻稱的身形。

土耳其料理包羅萬象，現今的土耳其料理是從奧斯曼帝國時期就流傳下來，因為歷史緣故，也有受到巴爾幹半島以及中東地區料理的影響。依照地理位置而產生的先天條件，每個地區都有當地的料理特色。

地中海地區，結合了亞洲、歐洲和非洲，加上氣候的關係，以使用橄欖油入菜聞名。這裡蔬菜水果種類繁多，還有多種類的羊奶起司。愛琴海地區也以橄欖油為主，蔬菜為輔，與魚料理搭配，呈現比較清爽的風格。

往北到黑海地區，黑海地區有其獨立的料理風格，儘管當地的生存條件比較嚴苛，食物的選擇性少，只有玉米等少數蔬菜，但是卻有聞名全世界、頂級的鯷魚與榛果。而最能代表土耳其料理的，應該可說是中部安納托利亞高原地區的飲食，這裡有許多麵粉類或是穀類變化而來的料理，還有使用馬鈴薯、茄子、肉類等食材組合而成的菜餚，這些都是土耳其料理指標性的菜色。

至於安納托利亞東部，天然條件險惡，所以這裡的料理以肉類為主，乳製品為輔，再吃些乾堅果類補充缺乏的營養。東南部則多畜牧業，所以有各式各樣的烤肉料理。此外這裡大量使用麥、米一類的作物入菜，並以土式甜點聞名。

土耳其料理讓人眼花繚亂，很多人想要輕鬆品嚐各地的料理又沒辦法走遍土耳其，頗感遺憾。但其實有個好方法，那就是用「食物外送網」。最近台灣開始流行、專門外送食物的服務，但在土耳其早已行之有年，而且服務更多更廣。這個食物外送網叫做「食物籃」，只要登記成為會員之後，就可以上網瀏覽幾乎所有餐廳的資訊，還可以依照個人需求來篩選，不管是大飯店還是小吃店，都可以從清單裡挑選，連鎖速食店、高級西餐、異國料理、沙威瑪、土耳其料理……應有盡有。

外送網每一家店的資訊都清清楚楚，會附上外送點菜單以及服務價格等資訊，表單式選擇非常透明化，訂餐人也可以選擇不同的付款方式或是配送地點，即使是小額，多數店家也提供刷卡服務。自網站上點餐之後，另一端的餐廳會進行製作，並由該店店員自行外送，一般半小時左右便會有熱騰騰的食物抵達家門口。這個網站有良好的運作模式，除了與餐廳搭配之外，更有完整的評價制度，保障顧客與店家雙方的權益，難怪至今屹立不搖，更是外宿、離家遊子的最佳夥伴。也因為有「食物籃」，讓人的口腹之欲可以無限延伸，因此很少聽到住在土耳其會變瘦的。有一堆怎麼輪都輪不完的美食，還有永遠不關門的「食物籃」，這裡不是吃貨的天堂哪裡是呢？

土耳其式的薄皮比薩（Lahmacun）。

曬乾的茄子和蕃茄乾。

沙威瑪的盤裝配薄餅版。

夜間雪中運水。

④

多喝 水

喝水是人不可忽視的一件事，飯可以一天不吃，但水可不能一日不喝。土耳其的水是硬水，跟我們喝的軟水不太一樣，而所謂的硬水就是礦物質濃度高的水，對人體無害。一開始住在土耳其的時候，不覺得硬水有什麼大不了，還是照著習慣接生水燒來喝，換來的結果就是沒來由地拉了一個月的肚子。不管是不是硬水，土耳其自來水的水質並沒有那麼理想，所以自從改喝礦泉水之後，肚子就沒事了。在此之後只要是喝進肚子裡的，我一定乖乖地買礦泉水來用。其實土耳其人也都是喝礦泉水，只有搞不清楚狀況的我們傻傻地接生水來煮。

大家都喝礦泉水，但不可能天天買、天天提回家，太費事了，所以一般家庭會用叫水的方式，而根據這個需求便發展出一種職業，叫做「水人」(sucu)。水人專門開車或騎摩托車送大桶裝的水到家裡，在系統登錄過姓名及地址之後，只要打通電話，有時只要響兩聲、連講都不用，或是直接傳個訊息，半小時內水人就會將水送到家門口。通常家裡會有一種按壓式的取水頭，只要水送來，打開蓋子裝上去之後，就可以接來喝水。至於喝完後，水人送新的水時會順便回收舊桶子，有時還會有優惠活動送幾瓶小瓶裝礦泉水或是汽泡水。

土耳其越內陸天氣越乾燥，一般人雖然知道在外面鐵定會口渴，卻不會有人自備水壺，這是因為路上到處都可以買到礦泉水。舉凡是車站旁邊的亭子、小吃店、雜貨店等等都有，還有人推著一拖車的水站在市場的路中間賣，還會發包給很多小孩子(童工)拎著一打一打的礦泉水邊走邊叫賣，所以只要想喝水，兩分鐘內一定買得到，當然也就沒人帶水壺了。另外，在大賣場或是超市買礦泉水還有個莫名其妙的特權，就是逛著逛著如果口渴了就可以拿瓶水打開喝，請注意，是還沒付錢的狀態，我不確定是不是真有那麼渴，但這是一種很普遍的行為，反正最後有把瓶子帶去結賬就好了。

住在宿舍的學生不適用於水人系統，可我住的這宿舍沒有飲水機，只得靠自己自立自強外出搬水到寢室喝。又要煮飯又要喝茶，當然得買大桶的，基本單位是五公升也就是五公斤，搬了幾個星期後我也煩了。那時正值冬天，外出變成一件很麻煩的事情，除了已經穿八件還是覺得要凍死之外，外面積雪結冰還會使你動不動就會摔到屁股瘀青，所以根本沒人想出門。而待在寢室的時間一長，就會開始無聊起來，想當然有多出來的時間也不會多唸書，於是開始胡思亂想，某天我就想到可以當水人賺點買肉錢（不是賣肉錢），老是吃素也不是辦法。

一開始我們的水人生意採訂購制，先預定後送貨，但冬天可能是水人的旺季，漸漸開始緩不濟急。某天室友從宿舍對門的超市借來一台購物車（默默推到馬路對面也沒人發現），自此之後我們開始推車進貨，這水人的生意在宿舍越做越旺，進貨的量也從一週五桶飆升至二十桶，每天下課還得分配工作，進貨、送貨、收錢。某個下雪天，室友三個人又出門進貨，車子塞了二十五桶之外，背上、手上加加總總就有三十來桶，可是下雪天不好推車，繞到後門又嫌遠，剛好宿舍面對馬路的鐵網破了一個洞，是一個人彎腰可以穿過的大小，所以我們決定把水從這裡放進去，再將空推車另外推到後門比較省力。當我們把一桶桶的水放進去校園內，正想推空車往後門時，其中一個人說：「搞不好推車也可以進去」，登登！食髓知味的我們，居然連車子都想塞進洞裡！三個人就在大半夜舉起了那台購物車，硬是從那個破洞塞了進去，之後更是直接就進了宿舍。守門的警衛大概只見我們出去而不見我們回來，而那個破洞也不叫破洞，堪稱是一個新的門了。後來，由於網子的洞大到再也不能視而不見，學校不得不把它補起來，而我們也都裝傻，直到搬離宿舍。雖然如此，但也多虧了我們，大半宿舍的亞洲女子不用在天寒地凍的時間出門買水，應該算是功德一件吧？

炎熱的夏日販賣礦泉水的爺爺。

送桶裝水的水人。

公共澡堂

⑤

台灣人對公共澡堂的印象，大概停留在洗三溫暖或是泡溫泉那種集體洗澡的地方，但像土耳其這樣單純提供民眾洗澡的公共澡堂，在台灣似乎沒有。到土耳其有個不可錯過的行程，就是洗「土耳其浴」，而洗土耳其浴的地點就是土耳其的公共澡堂。這種土耳其澡堂叫做「Hamam」（哈莽），其概念雖源自於古羅馬人，但當土耳其人取代拜占庭帝國之後，延伸出自己的一套模式，進而發展出現在的土耳其浴。

去土耳其澡堂在土耳其本地並不是什麼特殊的事情，也四處可見澡堂的圓頂冒出蒸氣。澡堂的招牌通常不會很明顯，入口也小小的很低調，進門之後會直接分成男女兩邊，兩側不互通，各自運作。進門時會有個小櫃檯，上面有價目表，一般來說基本會收個入場費，也就是純洗澡，再來會列一些加購服務，像是搓澡（kese）、泡沫按摩（köpük masaji）……等。女士部門可能還會有蜜蠟除毛（ağda）、修指甲（manikür-

pedikür）等服務。入場費隨著地方的不同，價格也差距很大，如果在伊斯坦堡歷史最悠久、最富麗堂皇的澡堂洗一次澡，大概可以在一般城市裡的澡堂洗三次。

付費之後，外場人員會領著客人進入有張小床的更衣間，每個人會有條紅白相間的格子棉布，那是洗土耳其浴用的浴巾，讓客人可以在更衣室褪去全身的衣服後，拿來包裹身體前往浴室。大浴室裡的一切全部都是用大理石建造，中間有個大台子，有的是方形，有的是六角或八角形，形狀不一定。圍著台子會有等距的水龍頭，水龍頭下一樣是用大理石做的水槽。浴室的地上會有利用凹槽做出的水循環系統，所以浴室內會不斷地有熱水循環流動，以維持蒸氣熱度。水龍頭可以調整水溫，用水舀子將水槽裡的熱水舀起便可以開始洗澡。有的人會自備慣用的洗髮精與沐浴乳，沒有的人澡堂會提供小塊的白色橄欖皂。

一般洗土耳其浴會加購的就是「搓澡」與「泡沫按摩」兩項。要搓澡的客人會先進入澡堂沖熱水，讓身體熱起來，並利用蒸氣使身上的毛細孔打開。過十幾分鐘後，便會有負責服務的人進來，男生部分多是年輕的男性，赤裸著上半身，下半身圍著浴巾；而女生部分則是穿著黑色比基尼的阿姨。開始前，搓澡人會先在中央的大理石台上鋪上剛剛拿的紅白浴巾，再請客人趴在浴巾上。搓澡時，搓澡人的手上會套著一個袋子狀的搓澡布（kese），有分「編織的」或「好一點的絲做的」，不打肥皂直接在沖熱的皮膚上面搓洗。這搓澡布像是身體用的菜瓜布，可以把身上的「鮮」還有老廢死皮去除，達到去角質的功能。搓的時候會覺得搓澡布有點粗粗的，搓完之後皮膚會有點泛紅，但可以摸到皮膚上出現像是橡皮擦屑一樣的髒污，非常神奇。一面搓好之後會翻另一面，從脖子下至腳丫不會放過任何地方。雖然有的澡堂會讓客人穿著泳褲或內褲，但搓背面的時候搓澡人會毫不客氣地直接把褲子塞進客人的股溝裡變成丁字褲，這樣才能夠搓到屁股肉上的汙垢。待全身都搓過一遍後，搓澡人會請客人坐起面向他們，用水舀子沖掉身上的廢棄物。此時有的搓澡人會順便替客人搓臉，如果有加購洗頭服務的就會在這時一起洗。

搓完澡之後，接著就是泡沫按摩的時間。泡沫按摩之前，會看見搓澡人拿個小臉盆，裡面裝滿了肥皂水，而跟搓澡布不同，泡沫布是長方形的細網狀棉袋，浸入肥皂水後拿起揮動，使袋內充滿空氣後封住擠壓，泡沫布會因為布上的小洞形成細緻綿密的泡泡，重複幾次之後再將泡泡利用網袋溫柔地擦在客人身上，有點泡泡浴的感覺，非常輕柔舒服。而全身都布滿泡泡之後，搓澡人會進行大略地全身按摩，最後以水將泡泡沖洗乾淨作結。搓澡人任務完成、拿條乾浴巾後便會離開浴室，客人可以自由選擇要不要再待一會或是離開浴室到外面。離開浴室之後會回到自己的更衣間穿衣服，中央的大廳會有桌椅提供給客人休

澡堂的外觀有時只是不起眼的圓屋頂群。

土耳其浴澡堂大廳。

在歷史悠久的土耳其浴澡堂大廳中的眾多蘇丹。

息還有吹頭髮。門口也會有簡單的飲料部門，洗完澡後來杯熱茶或是土耳其咖啡是個小享受（像是游泳完吃一碗泡麵一樣）。

我很喜歡土耳其浴，尤其是冬季時，常常一個月去個好幾次。剛進入浴室的時候很熱，可能還會出汗。待躺在大理石的台子上時，可以看見圓形的屋頂開有幾個小孔，開孔的形狀有的是星星，有的是八角形，從裡面往外看夜色，有種說不出的美感。澡堂裡總會有兩、三個阿姨，除了跟一同去的朋友外，有時也會跟阿姨聊聊天，整體的氣氛很和諧，關於裸體的害羞在進去五分鐘之後便會隨蒸氣煙消雲散。洗土耳其浴的時候還要注意憋氣的時機，因為搓澡人有時會殺你個措手不及地潑水沖洗，若沒經驗很有可能就會嗆到，除此之外其他都讓人很放鬆。洗完之後會有種輕飄飄的清爽感，彷彿全身的毛細孔都打開呼吸。擦上乳液、穿好衣服，坐在大廳舊式的暖爐旁邊喝茶，只能用幸福來形容。

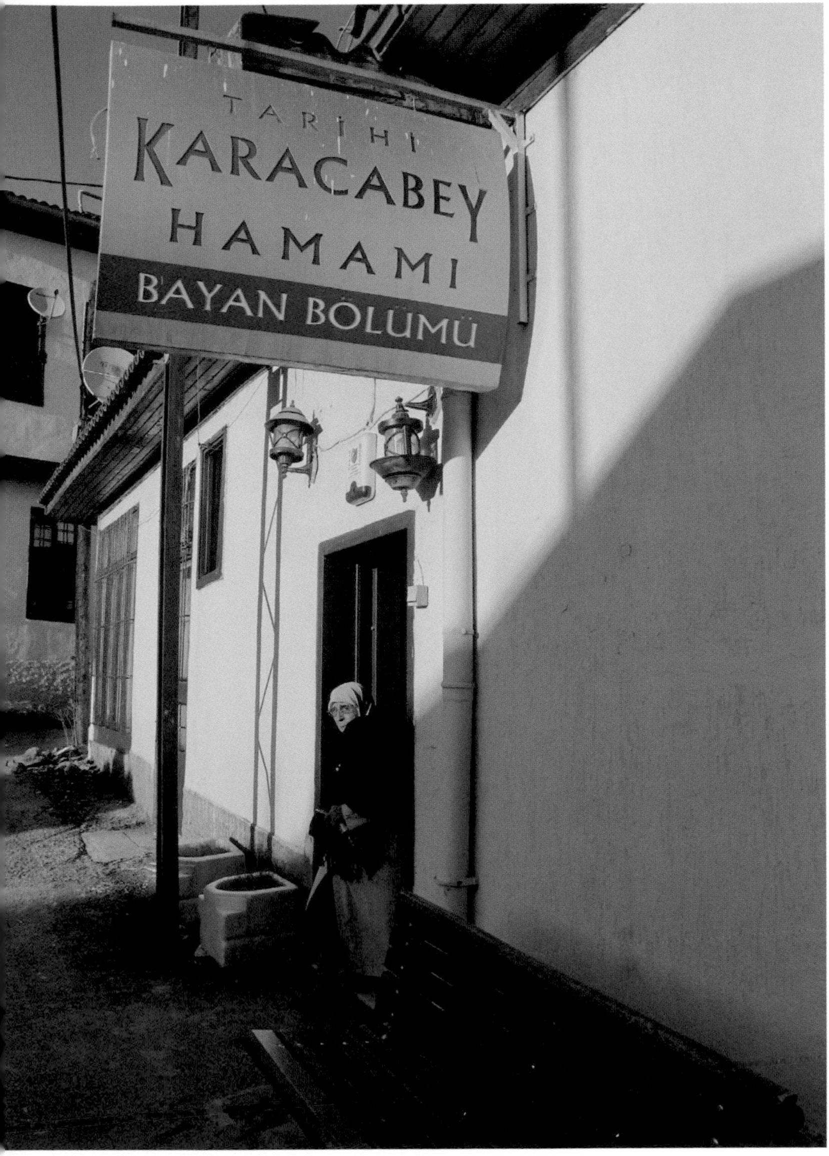

土耳其浴的女性區域，從門口就分男女，門口是剛洗完步出的阿姨。

6

馬桶 的方向

土耳其蹲式馬桶！

在土耳其，去公共廁所打開門的時候會看見兩種情況：第一種，一般的坐式馬桶，叫做「Alafranga」（阿拉芙蘭尬）；第二種，蹲式馬桶，稱做「Alaturka」（阿拉兔卡）。坐式馬桶不用多說，這麼國際化的產物，褲子一脫就坐了，很容易上手。那蹲式馬桶呢？蹲式馬桶主要是在東亞以及中東地區還有西歐的部分國家流行，每個地方的款式略有不同，台灣常見的蹲廁形式據說是從日本傳來的，前面有個罩子來指示如廁方向。

土耳其著名的觀光景點「以弗所」（Efes）裡有古羅馬人遺留下來的廁所形式，但馬桶既不是坐式也不是蹲式，反倒像是兩者的結合體。演變至今，馬桶已分家，現代土耳其的蹲式馬桶的樣子比較接近法國，在部分亞洲國家也可以見到。這種馬桶是平的，沒有一個罩子，可兩側會設置波浪狀的踏腳地。蹲的方向是面朝門，兩腳踩在兩邊波浪狀的區域，屁股在洞的上方。馬桶內部會微微傾斜集中到洞的地方，有的地方會在洞上設一個蓋子而不會直接看到洞。

土耳其的公共廁所有不少需要付費入場喔！

學生宿舍的廁所。

根據我的推理（純粹是個人觀點），因為古早的時候沒有自動沖水系統，得使用馬桶旁邊的水龍頭接水沖洗屁股之後，再沖馬桶。延續古代廁所的概念，屁股直接對準洞，排泄物會直接掉進洞裡，不會留在馬桶。我自己的使用心得是的確比較乾淨、不容易殘留，既然不容易殘留也就比較不會有味道，容易保持整潔。現代當然是備有沖水系統，但旁邊的水龍頭與小盆子還是在土耳其的蹲式廁所中保留下來。因為土耳其人還是習慣利用小盆子接水沖洗屁股，所以很多時候會看到他們的廁所濕濕的，這並不是不乾淨，而是因為太愛乾淨，都要洗好再出廁所。這樣的沖洗習慣在家用的坐式馬桶上也可以看見，雖然電動的免治馬桶並沒有那麼普及，但一般馬桶就具備了免治馬桶的功能，坐墊下的後方會有一條短短的管子出口，水量則可以利用連接沖水管線上的小開關來調節。蹲式廁所在比較西式的地方或是餐廳裡比較少見，但在休息站或是宿舍這類的公用廁所裡卻很常見。

以前住在宿舍時，六間廁所只有一間坐式馬桶，光從垃圾桶就可以看出那間的人氣非常高，常常會是使用中的狀態，總是等不到，久了之後我反倒覺得蹲式的更好，而且也有些研究提出蹲式馬桶對於訓練人體的部分肌肉與排便是比較有幫助的。當時整間宿舍都住外國女生，所以不管是上廁所或是洗澡，對於鎖不鎖門這件事都不是那麼注意。早晨剛起床，睡眼惺忪、搖搖晃晃地走到廁所的時候，常常會誤開別人的門，這時候就可以知道這些外國女生們有沒有入境隨俗學到土耳其如廁的真諦。打開門如果面對面就表示通過，如果背對著就表示還要再努力囉！也曾有土耳其女生問過我為什麼台灣的馬桶是長這樣，但其實蹲廁的形式裡，跟我們同方向的國家似乎還真的是占少數。聽說日本有的廁所有標示說明日式蹲廁的方向，或許我們會感到可笑，可當我們看見土耳其這樣的廁所，如果沒有說明還真不知道他們都朝著門蹲呢！

7

用手吵架

手？吵架不是用嘴嗎？要怎麼用手吵架？

土耳其人的平均年齡很輕，青壯年占總人口相當大的比重，勞動力可說是非常充足，因此他們給我的感覺是挺血氣方剛的，脾氣來得快、去得也快，情緒也是屬於比較鄉土劇風格，波動很大，所以吵吵鬧鬧是在所難免。但他們吵架可不止用嘴巴，手的戲分也很吃重，但這裡並不是說揮拳打架，而是用各種手勢來加強視覺力量。土耳其人對於使用不同手勢，相當得心應手，嘴巴的反應可能還沒有手來得快，有時光是透過手的動作就可以了解他們最直接的想法。由此可知，語言如果加上適當的手勢，能夠幫助我們更有效地傳達訊息。以下介紹幾個土耳其最實用的手勢：

1.生氣的時候：手心朝上、手指自然張開，下手臂往上舉。

這個手勢可以運用在各種場合，只要他們一不高興，手就會舉起來。如果吵架的時候不用這

手勢，就不是道地的土式爭執了！最常見的是在開車的時候，駕駛人看見塞車，或是行進時前後車造成無法配合的情況下，就會馬上舉起手來。這是一種生氣的直接表達，也可以當作是翻白眼的手語版。另一種情況是在與人談論爭辯某件事情時，當你感受到對方不可理喻，既無法認同他的觀點卻又不知道該說什麼的情況下，也可以用此來表達強烈的「無言感」。但使用時千萬要小心，因為這個手勢情緒很強烈，如果被對方看見可能就會造成雙方爭執的導火線，很容易演變成肢體衝突。

如果想要再加強手勢的強度，可以搭配嘴巴的念念有詞，呼喊阿拉之名「阿拉阿拉」（Allah allah），這是一組讓人惱火的最佳組合，保證可以用力表現你的不耐煩。

2. 形容事物的美好：五隻手指指間合在一起，手部形成水滴狀，手指朝上、手背向下點。

這是個非常正面的表達，用來向他人形容事物的美好。這個手勢可以代表土耳其語裡面「Güzel」（ㄍㄩ ㄗㄟˋ）的意思，舉凡漂亮、東西好、心情好或是食物好吃，都可以用「Güzel」來形容。使用的時候為了加強（催眠人的）效果可以揮動兩、三次，並根據程度搭配臉部表情。只要把這動作比出來，一邊說出你的評語與感想，就像是電視購物專家一樣，很容易說服並讓人相信那一定是好貨。另外，如果是用以形容美食時，搭配手勢先發出一個親吻聲，再加上迷濛的眼神，不需要任何贅言，就可以展現你對這道菜有多高的評價。這手勢運用得宜的話，對腦波弱、耳根軟的人一定立馬見效！

3.表達惋惜或是錯過某些東西時：用右手背往下拍左手心，拍到之後左手心順勢往上飄開。

在我們的文化裡，右手背拍左手心是會被當作「逆侃侃，怎麼會這個樣子！」或是「搞什麼東西！」有點生氣又伴隨著一點興師問罪。或者是「哎呀！」突然想起什麼事情忘了做，也可能是「究竟！」這種很突如其來的情緒，而且要拍好幾次，情緒激動的時候還會把手拍到發紅。其實土耳其人也有使用一個類似的手勢，不同的是拍到之後，兩手得很有默契地一上一下飛開，且只會拍一次。使用的時機點是在遇到一件令人惋惜或是錯過某些東西的時候，此時拍下的力道有多強，就代表對這件無緣的事感到多麼可惜的程度。接近我們口語中的「吼！」、「嘖！」以及「怎麼會這樣！」跟我們的相比，無奈感比較強烈，著重在可惜的部分。

4.表示希望不好的事情受到阿拉保佑，不要成真：手握拳輕敲桌面後，摸耳垂。

土耳其語中有句慣用語叫做「Allah Korusun!」（阿拉口魯笱），意思是「阿拉保佑！」說一些不吉利的事情或是臆測不好的狀況時會放在嘴邊，表示希望不要成真。而遇到這種情況卻又不能克制說出不吉利的話語時，說話者除了會說「Allah Korusun!」之外，還會有個「Tahtaya vurmak」（敲木頭）的動作，就是用手指輕敲木製的桌面，再用同一隻手拉拉自己的耳垂，表示希望這些不好的事情受到阿拉保佑，不要成真。

相傳敲木頭這個習慣是以前北美與愛琴海地區的人們發現橡樹被雷擊中的頻率很高，所以相信又高又大的橡樹裡有某種力量存在。北美的住民認為神明利用打雷下至凡間鎮守於橡樹上；而愛琴海的希臘文明則是相信橡樹代表雷神。也因此，北美的住民會以敲樹根來祈求神明保佑安然度過未來可能發生的危險或是不幸，後來隨著宗教力量，敲木頭就變成了一種「向神明禱告、許願」的意義。而敲木頭的迷信傳到了不同的地方也變成不同的形式，到了現代土耳其，大家就保留了這個習慣，只是敲樹根變成輕敲木桌，即使如此，「Allah Korusun!」的意義還是完整保留著。

1 KULLANIMLIK Bilet - Pass
TCDD
Marmaray
UDH
İKİgeç »»» 2 kullanımlık pass
3 KULLANIMLIK Bilet - Pass
TCDD
Marmaray
UDH
BİRgeç »»» 1 kullanımlık pass
1108 0000 1068 3570
• Kartınızı yetkili satıcıdan alınız.
• Kartınızı katlamayınız, kıvırmayınız ve bükmeyiniz.
• Anteni kırılan kartlar geri alınmaz, değiştirilmez, tamir edilemez.
• Kullanıcı hatasından kaynaklanan kart bozulmalarında ücret iadesi yapılmaz.
• Geçişlerden yaşadığınız sorunları lütfen bilet gişesindeki görevliye bildiriniz.
• Kart alırken yukarıdaki kurallar kabul edilmiş sayılmaktadır.
444 TCDD 8233
www.tcdd.gov.tr
online bilet
P134203669 05395C2171B0C1
EGO GENEL MÜDÜRLÜĞÜ
TAM TOPLU TAŞIMA KARTI
1.Toplu Taşıma Kartınızı yırtmayınız, katlamayınız, ısıdan, nemden ve manyetik alanlardan uzak tutunuz.
2.Kartlarınızı, EGO Bilet Gişeleri ve Bayilerinden, üzerinde yazılı ücretini kontrol ederek satın alınız.
3.Kartınızı, kredisi bitmiş olsa dahi, yolculuğunuz bitene kadar saklayınız.
4.İstek, şikâyet ve önerileriniz için 153 Mavi Masa'yı arayabilirsiniz.
TAM
EGO

日常 生活

土耳其市場中販售的橄欖。

① 無法停下的 嘴

嘴巴雖然只是一個器官，卻有很多種功能，吃、喝、說話、親吻、切斷東西，都是一張嘴可以完成的工作。我必須承認土耳其人將嘴巴的功能發揮到淋漓盡致，有時候甚至會懷疑嘴部是他們全身最發達的一塊肌肉。

土耳其人嘴巴的第一要務是進食，吃飯時無可避免得不停地嚼那非常扎實的麵包，或是在嘴裡卡滋卡滋地吃著餐餐都有的生菜沙拉，還要用牙齒撕裂各種作為主菜的肉類，並嚼爛了才能吞下肚。吃飽鹹食吃甜食，甜食雖然大部分都是奶製，口感軟，但仍然有人愛吃裡頭包裹雞胸肉的甜點「Tavuk göğsü」，還有類似八寶粥充滿穀物的甜湯「Aşure」，或是世界知名、比小熊軟糖還彈牙的土耳其軟糖「Lokum」。甜點之後可能會吃點水果，市場裡大部分的水果也以要啃咬的居多，像是蘋果、李子、桃子、香瓜、櫻桃、葡萄這類，而像是木瓜、火龍果、芒果這類軟趴趴的熱帶水果，那裡都沒有。吃完水果之後還要

各式土耳其甜食與乾果。

邊嗑瓜子邊看灑狗血到極致的連續劇。嗑瓜子只是一個廣義的說法，不只是瓜子而已，土耳其盛產堅果，種類很多，腰果、杏仁、花生、核桃，應有盡有，其中榛果以及開心果是最頂級的，世界上的榛果幾乎被土耳其包辦了。而當作滿足口腹之欲的零食還有被銷往全世界的果乾，杏桃乾以及無花果乾品質良好又新鮮。聽到這裡是不是覺得嘴巴有點癢？可是還沒結束，因為他們還喜歡吃很多餅乾、巧克力一類的零食。在土耳其，因為天氣乾燥，餅乾不管有沒有封好，怎麼放都不會軟掉，洋芋片放到隔天還脆得不得了，更何況是加了許多抗氧化劑的零食，打開放著自然是想吃就吃。

吃了那麼多也得喝點東西吧，除了水之外，就是喝茶。紅茶是土耳其人永遠喝不膩的飲料，只要有空閒他們就喝茶，可謂無茶不歡！而且不管在哪裡，只要想喝就可以喝到，從最高檔的飯店到最平民的小吃攤都無限供應，沒有茶大概連店都沒資格開。就算是坐在公園的長椅，也會有端著茶的茶人「Çaycı」四處走動；工作到一半，電話分機一打，茶水間的阿姨也會把茶端到辦公室。基本上只要有可以停下來的機會就可以喝茶，在移動中的渡船上也能點上一杯。而家家戶戶都會有雙層茶壺，每晚也都會在爐子上煮著，為的就是滿足隨時想喝熱茶的癮。另外，到別人家做客，喝茶的時候加茶也變成一種學問，如果主人發現客人的杯子快見底，就要適時地補上；聽說客人不想再喝茶的時候，會將小茶匙放在杯口上以示夠了，才不會有怎麼喝都喝不完的窘境發生。

土耳其人嘴巴的另一項功能是親吻。我們常誤解穆斯林很保守，不在公開場合示愛，但其實土耳其人從不避諱親吻。親戚朋友見面的時候，會輕碰兩邊臉頰，同時要嘟嘴發出親吻聲，即使是第一次見面，也有部分的人會為了表示親近而貼臉。過節時，見到老人家得親吻手背，接著舉起來貼上自己的額頭以表尊敬孝順。當然也可以在路上看見情侶間的親吻，常常會撞見連路人都覺得不好意思的激吻。

土耳其人嘴巴的功能中，最具意義的事情就是表達情緒。見面的時候，首先得來段冗長的問候才能稱上禮貌，但土耳其語的黏著性特質，使得中文用一個字可表達的動作，得至少用三個音節才能完成，所以五分鐘的對話裡面，大概有三分鐘都只是停留在表面的問候。他們人跟人的關係很容易親近，所以不管是誰或不管什麼事都可以聊上兩句。坐公車鄰座的人可以聊，辦事情時前後排隊的人也可以聊，餐廳隔壁桌的人找機會也是能聊則聊，即使都是聊些雞毛蒜皮的生活小事。我還發現他們視辯論為生活情趣，每個人都很願意表達自己的想法，往往一件事得聽正反雙方激戰四、五回合才肯罷休。有點年紀的婆婆媽媽們大部分的時間都在家，家務事結束之後最大的休閒活動就是找左鄰右舍講閒話。如果只是在陽台吃吃喝喝、盯著鄰居家的媳婦碎嘴也就罷了，但像我們這種顯眼的外國鄰居也無一倖免，她們可說是社區的狗仔隊志工。

土耳其人還有一個習慣，我花了很久的時間才接受，因為是個跟遠東人認知衝突的情況。在問土耳其人要不要什麼東西或是做某件事時，答案如果是否定的，他們的頭會微微上揚，嘴一邊發出「嘖」的聲音。這個在一般遠東人的眼裡，會覺得是個很挑釁的動作，但其實他們只是說「不要」這麼簡單的意思而已，不具有任何的攻擊性。同時，「嘖」一般也有代表負面的意思，很緩慢地連嘖五聲有很強烈的貶義，用來批判不以為然的現象，或是表達對方不知廉恥的情況。不得不說，親眼見到他們「嘖」的時候，真的要強忍，理智線才不會斷掉，不然大吵一架在所難免。

土耳其人最後一件嘴巴的功能，是我常常看見但覺得最沒必要的一種：用牙齒的蠻力。土耳其男人很愛用嘴巴來應急，取代一些工具可以做的事。例如：開瓶器，用手轉不開的瓶子都喜歡用牙齒啃；剪刀，用牙齒來把膠帶撕開。

我只能說：「求求你們，饒了嘴巴吧！」

市場中販售核桃的小販。

② 朋友 的 距離

有沒有想過離開學校之後，與朋友見面的頻率有多高？三天？兩週？一個月？還是一年一次？好朋友的話，一個月見個三、四次算是很頻繁了吧！不見面光是透過訊息聯絡的話，兩、三天傳一次大概也能算是感情很好的朋友了。以不打擾彼此又能夠達到聯絡感情為原則，我想大部分的人都會同意這是維繫友情最好的方式。不過土耳其人可能不會同意，甚至覺得這種朋友太過冷漠。

以我觀察，土耳其人堪稱是世上友情濃烈的前幾名，其實他們的感情都很強烈，只是關於友情的部分真的是讓我開了眼界。我來來去去土耳其好幾次，但在當地的土耳其朋友卻沒多少個，雖然總是會認識合得來的人，但能夠維持長久朋友關係的實在不多。其中有一個很大的原因是，我喜歡保有我自己的空間與獨處的時間，這聽起來很普通也很正常，可在土耳其居然會影響到交朋友，不可思議吧！

總是勾肩搭背的土耳其小男孩。

真正的不同是在於他們對「面對面」這件事很執著，只要是親近的朋友幾乎天天見面，一週少說有三、四天會待在一起。見面並不一定有特定的目的，有時候只是去對方家裡坐著閒聊，或在茶館、酒吧喝點東西而已。而見面的時間也不一定，只要有空都行，是朋友的話晚上十一、二點也能隨時找出門或是到某個人家過夜。

另外，似乎每個土耳其人都會有個從小到大的好朋友，是彷彿全世界都知道他倆是摯友的那種程度。鄰居艾奈斯的摯友叫做歐努，他們是從小一起騎腳踏車的朋友，兩個大男人長到三十來歲還是混在一起，感情用如膠似漆形容一點都不為過。艾奈斯跟歐努幾乎天天見面，跟艾奈斯一塊兒出門時，也總少不了聽到一通歐努的來電，通話內容不外乎是噓寒問暖以及約見面的時間，見面的地點不是去你家就是來我家。只要任何一方去外地時，另一個人就要特別安排一點事情來填補沒有對方的空閒時間。而見到什麼新奇有趣的事物，也都會迫不及待地傳訊息與對方分享。在歐努交了新女友之後，還會聽到艾奈斯抱怨他「過度關心」女友，事實上在我們的耳裡，艾奈斯只是在抱怨自己被冷落。聽到這邊是不是有種他們在交往的錯覺？可是對土耳其男人而言，這都是很正常的，土耳其男人的友情可是情比金堅，在路上也可見勾肩搭背或是手勾手的壯漢。土耳其女生也不輸給男人，兩個女生交往時，除了三不五時關心問候，一有空檔還得見面，或是去哪裡逛逛。總之不管是男人或女人，他們認為友情的維繫很大一部分得靠密集的見面跟相處。

如果跟土耳其朋友相約，極少情況能按照自己的時間表來進行，通常從一開始就會因為他們的隨性而失控，等玩到盡興之後夜也深了，到家時精力已經耗盡只能匆匆洗澡睡覺。有時回想起來，和土耳其朋友在一起雖然談不上不好玩，但該做正事的時間就這樣渾渾噩噩地過了，若是三天兩頭如此真的會讓人感到疲憊。所以收到土耳其朋友的邀約時，常常很猶豫，因為一耗就是一整天。若一陣子沒見面還會收到「怎麼了？妳不愛我了嗎？」或是「妳怎麼失蹤了？我做了什麼嗎？」的訊息，其實沒什麼特別的事，卻讓人很有壓力。

我在安排空閒時間時，總會為自己保留獨處的時間，除了休息也可以好好地做些適合一個人做的事。平常與朋友來往，也喜歡為彼此保持一個舒服的距離以維持下次見面的新鮮感，不過土耳其人似乎不太能理解不見面如何維繫友誼。說到底，沒有好壞，只是我們對於朋友之間的距離認知有差。即使如此，還是要幫他們說些公道話，能夠與志同道合的土耳其人成為好友是一件很值得珍惜的事，因為他們不止能陪你體會生活的美好，更像是戀人一般關心你，即使他們的條件不寬裕，也會盡力照顧在異地生活的你。土耳其人這種願意為朋友付出的心是毋庸置疑的，所以如果能夠找到適合彼此的相處之道，絕對會非常幸福。

塔克辛廣場的雕像，連雕像都要人擠人就知道他們有多愛黏在一起。

③ 男性 賀爾蒙

土耳其整個國家給我的感覺是陽剛味很重，總覺得那裡的男性賀爾蒙多到飄散在空氣裡，但這並不是因為男生人口比較多，而是一種氣氛。土耳其男人平均來說其實長得並不算高大，健身的風氣也不算盛行，大部分的人身形就一般般，可是不知道為什麼男人們總要以筋肉人的姿態行走。所謂筋肉人的姿態，就是彷彿自己上半身的肌肉很大，所以手沒辦法自然地下垂擺動，一定得略微張開地搖擺。他們認為這樣看起來比較有男子氣概，如果是青少年，最好還要成群結隊、勾肩搭背，才能夠展現男人的氣勢。

土耳其男生從年紀很輕的時候就會開始長鬍子、體毛，所以即使看見滿臉鬍鬚的人也不見得就一定是成年人。我曾經以為他們每個人都愛留鬍子，直到有天我問了一下總是留落腮鬍的朋友，他卻是非常煩惱地回答，不是因為他喜歡，而是因為長得實在太快了，刮了也跟沒刮一樣，乾脆擺爛讓它長到一定的長度就不會長得太誇張。這

個情況就跟女生留長頭髮一樣，短頭髮的時候一個月得修一次，可等頭髮長到一定的長度，養分的供應沒這麼快時，長得速度就會減緩。

鬍子跟頭髮一樣可以做造型，所以有很多土耳其男人熱衷於在鬍子上做文章，最常見到的是人中，其次是下巴與雙鬢。而一般的男士理髮店，除了剪頭髮之外也有提供修鬍的服務。如果是注重自己外表的男人，在家還會備有小剪刀之類的用具來修整自己的寶貝鬍子。在亞洲很少見到滿臉鬍鬚的人，在土耳其反倒是很少見到臉光溜溜的男人。另一方面，雖然全身毛長一堆，但禿頭的人卻非常多，而且也是從很年輕開始就有。美人尖到最後變成M字，最後只剩兩團浮雲在頭頂，跟胸前依然是胸毛長出領子外的狀況對比，真是讓人五味雜陳。

關於陽剛味，還有一件無法忽略的，就是他們的「男人味」。土耳其男人有體味問題（他們永遠都不會發現那是問題）的比例非常高，我想可以歸咎於三點：飲食習慣，辛香料重口味的肉類吃得很多，飲食不均衡；衛生習慣，他們不太愛洗澡，常常兩、三天洗一次，更別說冬天常有好幾天不洗澡的情況；飲酒吸菸，刺激汗腺加速分泌，除了體臭還加上口臭。說真的，搭乘大眾運輸工具時，我常常因為他們身上的體味憋氣，因為不憋氣就會頭痛。

要了解土耳其男人夠不夠man，還是要從實際的生活中體會。大部分土耳其男人的性格上有很強烈的性別區分，或是會把事情分成男生做的與女生做的，例如有天家裡的蓮蓬頭壞了，我去五金行買了一個新的回家裝上，就被認為是做了「男生的事」。除此之外，大部分時間土耳其男性都算是很體貼女性，一起去超市買東西的時候一定會盡力提全部的東西，不會要求女生分一半；出去買東西或吃飯，也會主動付錢；出門在外，只要是與自己一起去的女性朋友，都會盡到照顧

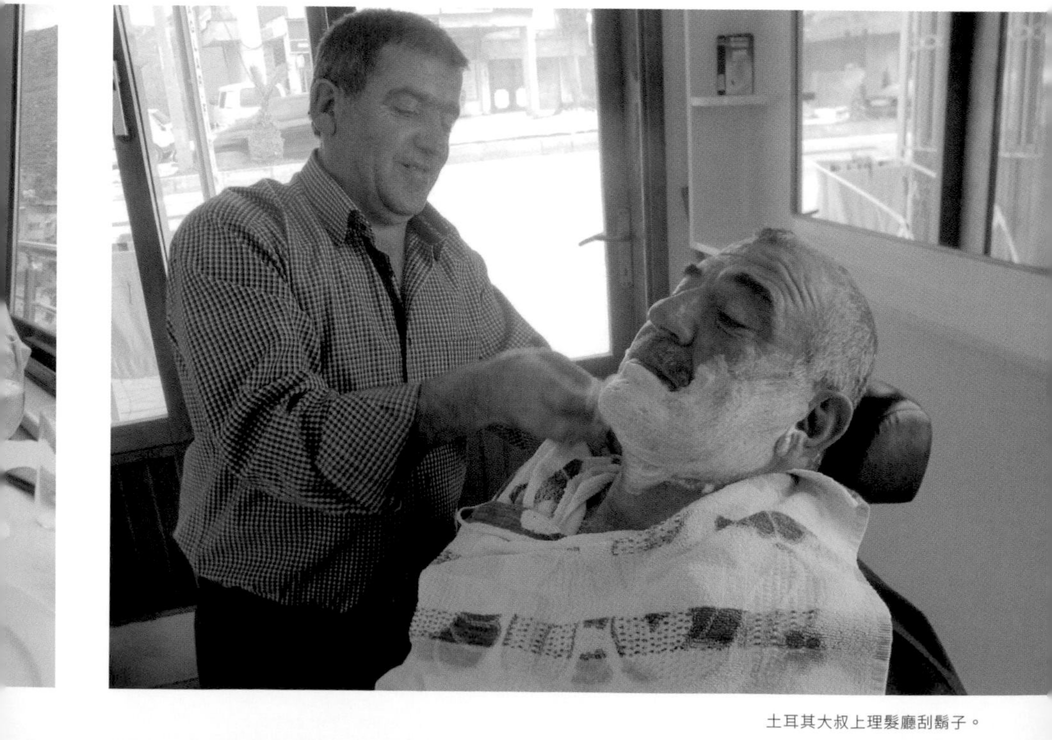

土耳其大叔上理髮廳刮鬍子。

的責任，當女生受到欺負的時候，也絕對會挺身而出；遇見心儀的對象也會毫不掩飾地表示，展開具體的行動。雖然這些舉動聽起來只是一點小事，但有的亞洲男生卻做不到呢！

溫柔替（令人崩潰的）狗兒剪指甲的大鬍子朋友。

另一種他們隨隨便便也能留出的鬍型。

土耳其大叔經典款。

④

無言 的 熱心

土耳其民族的特性其實是好客、熱心的，跟台灣人相近，都非常樂於助人。在土耳其，只要求助大多都可以得到善意的回應，即便是他們不能解答的，也會試圖替你尋找可以解決的人。以我自身的經驗，在土耳其找東西常常需要問人，因為地方太大、東西太多，不太可能憑著自己的力量就得到結果。而找東西之中，最常需要求助的就是找路，土耳其的小街、小巷非常多，路名也是有人名、有植物，各種主題都有，路牌也十分不明顯，即便手上有地圖，要不就是沒有這條路，要不就是GPS定位不到自己，更別說要用導航，在土耳其的領土上，連擁有這麼多顆衛星的姑狗大神也不得不甘拜下風。所以在土耳其找路的過程，大都在迷惘之中，非本地人的話即便是土耳其人，有時也得四處問人才能找到目的地。

在土耳其找東西，必須要很有耐心，「既來之，則安之」是保持自己冷靜的最好守則，一開始先抱持著至少步行或是開車一個小時的心情，就能平靜地度過。幾年前我不知道哪裡得罪了學校的狗，走在校園時腿上被咬了一口，因為是第一次被狗咬，當然沒接種過狂犬病或是破傷風疫苗，所以得去大醫院打針。朋友開著車陪我折騰了一整天，好不容易才找到了市中心唯一一家施打狂犬病疫苗的醫院，但總共有三劑，隔幾天還得自己再來打完才算結束。

由於醫院離宿舍並不算遠，便沒有麻煩朋友開車，決定自己走路去。一開始的路還有印象，但漸漸開始不大確定，前面的路又東彎西拐的，深怕走錯的我便在路上抓了一位手上拎著菜的大嬸問了問。大嬸思考了一會兒向我比了反方向說：「往下走個三公里，應該在那附近，總之到那裡再問問。」照著大嬸的指示走了一會兒，心裡老是覺得怪怪的，索性又隨機找了路邊小販問。小販想了一下說：「跟我來！」把手邊的工作一擺就示意要我跟著他。跟在他的後面繞來繞去，走了十分鐘左右，就見他進了另一家店，店裡有個大叔，小販領了我進去並向大叔表明我的來意，隨後就走了。大叔簡單地問了兩句之後，就開始跟我指路：「從這裡往前走，第二個路口左轉，會經過一個圓環，不要停下來繼續走，然後在第三個路口右轉……」一陣劈哩啪啦之後，說：「到那邊就很近了，可以再問一下那邊的人。」聽了他的話之後，我都失神了。

我聽著他們的指引，來來回回地在同一個地區走了三、四次，連續走了一個小時，上、下半身已經快分離了還沒到任何像是有醫院的地方。可是那地方我人生地不熟，只能硬著頭皮繼續問繼續走，最後又花了半個多小時才終於找到醫院。

順利打完疫苗後，我向醫院的人問了回家的路，此時才是真正讓人崩潰的時候，因為回家我只走了半小時不到，而且還是我一開始就走的那條路，當初只要我堅持往下走就可以很快找到醫院。

類似的事件其實在我與周圍的人身上層出不窮，連土耳其人也難以倖免。凡事都得繞一大圈才能得到真正的答案，中間的時間往往都是鬼打牆個不停，所以我都說他們的熱心就是這樣，有點兩光，讓人哭笑不得。除此之外，土耳其人也非常見義勇為，一旦見到需要協助的事情，一定會傾盡全力幫忙，只是有時候真不知道該不該接受，而這也是我一直無法評價土耳其人的原因之一。其他的事情我不敢保證，但問路的話我只推薦計程車司機。

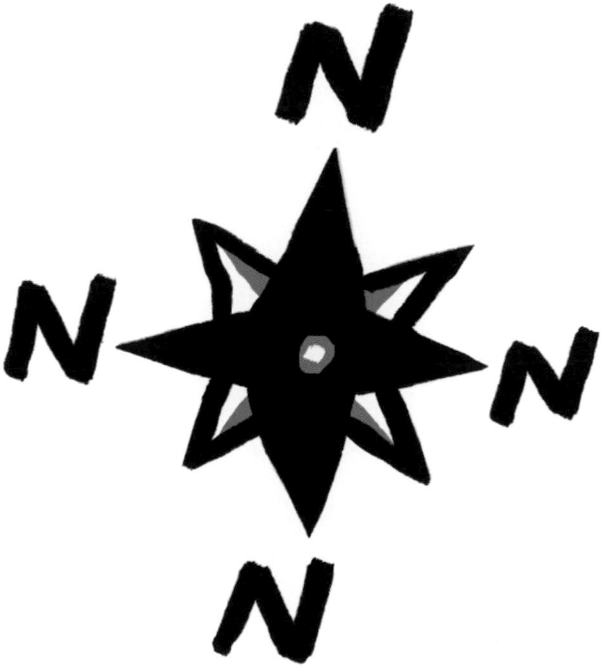
N
N
N
N

土耳其情侶檔，不知道跟大家想像的土耳其人有沒有差距？

5 把妹 的 步驟

土耳其男人的嘴是出了名的甜，對比起台灣男人要稱讚不稱讚的彆扭，他們的話聽起來總是讓耳朵舒服、人也爽快。但還是得憑良心說，有時真的誇張到想用條抹布用力擦他們的嘴。土耳其語中有很多說起來似乎稀鬆平常，但細想就會發現其實很誇張的單詞，像是「canım」（親愛的），這在一般朋友中就可以使用，不分男女、不管是長輩或晚輩，人人都在用。可有時只見過一次面或是講了十分鐘的話，對方就如此稱呼你時，即使是為了表現親近或是善意，但還是不免覺得情緒太滿，有點不習慣。不過若是這點程度你就覺得害羞，未免也太弱了，因為這只是小兒科。

土耳其甜言蜜語的稱呼還包含了「balım」（我的蜂蜜）、「tatlım」（我的甜心）、「şekerim」（我的糖）等等，這些可以當作情人間或是閨蜜間的稱呼。而情人之間還可以用「aşkım」（我的愛）、「hayatım」（我的生命）等更強烈的詞句。另外還有一個常常聽到、但我覺得很特別的是他們會叫女孩子「fıstık」。「fıstık」是「花生」的意思，有的人還會翻譯成英文叫「peanut」，感覺比較時髦。為什麼是花生呢？有的人說，花生的外殼有曲線，代表女人的胸腰臀線條，因此用來稱呼女性。也有人覺得花生是很受他們喜愛的堅果，所以用來稱呼他們喜歡的女性。

土耳其男人絕對不會隱藏他們的好感，曾有一位男性朋友跟我說：「我們土耳其男人的模式就是喜歡就交往，交往沒問題就結婚，不行就分手繼續找下一個。」聽起來是很理所當然，但又有多少人可以像這樣，想愛就愛，要分就分。如果是遠東的男生女生，通常在表白之前，還得鋪陳不知道幾個月的內心戲，分手前後也得拖拉個半年才能釐清兩個人的關係。但是土耳其男人只要看見喜歡的對象就會直接行動，不會考慮太多，態度很積極；相對地，如果相處之後發現不適合，也不會拖拖拉拉，反正繼續往前總會找到適合自己的對象。

當一個土耳其男人對妳有意思的時候，一開始會先找機會跟妳講話，有一個系列的問句是必備的，這可以讓他們決定要不要進行下一步的動作。首先會先問有沒有男朋友，沒有的話直接過關，有的話接著會問男朋友是誰、交往多久、人在哪裡，如果人是在本地的話就放棄，不在本地也等於過關。過關之後就會使用各種方式跟妳要電話，為了確保妳是給他們正確的號碼，他們還會當場試打，所以想賴也賴不掉。聽說土耳其女人也都不是省油的燈，對男人毫不客氣，所以遠東女生對他們來說簡直是溫柔至極。

土耳其男人不會因為害怕被拒絕而刻意保持距離，只要一有機會就會百般嘗試，有時外國女生只是試圖禮貌性地給予回應，不希望撕破臉而接受某些舉動，但對於土耳其男人來說就是許可的表示，收到這些自以為是的暗示他們就會繼續往下行動。但土耳其男人自以為是的暗示很多，一不小心就會掉入陷阱，所以如果對方並不是妳心儀的對象，最不會造成雙方尷尬的方式就是要早點說清楚，表達妳的想法，不然土耳其男人的面子掛不住，很容易「見笑轉生氣」。

土耳其男人的路數總是很強烈，感情一覽無遺，才見兩次面就求婚，或者也可能根本沒見到本人，就可以說愛妳愛到海枯石爛；而一旦不愛了，所有的關心頓時煙消雲散，冷酷到妳會嚇一跳，最後還可能莫名其妙變成遠東小三。所以，若要跟異國文化的戀人相處，還是需要多多互相了解才行。

試圖用土耳其咖啡占卜把妹的土男代表。

友人的男友，普通版的土耳其男人。

6

為 連續劇 失心瘋

記得小時候，大家還在沈迷所謂的「八點檔」連續劇，幾乎家家戶戶都看同一齣，而現在電視機一打開動輒一、兩百台，新的連續劇加上重播劇二十四小時全天候放送，要觀眾每天在同一時間定在同一台，根本是天方夜譚嘛。

土耳其的電視頻道不像我們的選擇性這麼多，不過每台都有明顯的區別，例如唯一的公營媒體「土耳其廣播電視台」（簡稱 TRT），底下就有分音樂頻道、兒童頻道、紀錄片頻道、新聞頻道、運動頻道，還有專講人民與文化知識類的頻道。每個頻道都有一個明確的主題，讓想看電視的人能夠很簡單地找到自己感興趣的節目，但如果是連續劇這樣娛樂性的節目，一般都是大的商業電視台在播放。

土耳其的本土娛樂產業發達，投資很多本土電視劇還有國產電影，加上土耳其人民也很買帳，這些土耳其風格的電視劇與電影因為有市場，產量日益增加，製作質感完全不輸好萊塢製作。電視劇播放的模式類似美國影集，下午多半是日日劇（每天都播放的連續劇），晚餐時間過後則屬於連續劇的時段，每天播不同的劇，一週播一集，一集則長達一個半小時到兩小時。集數以「季」當作單位，若是收視率不錯，也可能持續推出下一季。連續劇的劇情五花八門，風格迥異，最常見的就是亂倫的題材，不然就是老少配這種灑狗血的悲慘愛情劇。

舉例來說，五、六年前有部《禁忌之愛》（Aşk-ı Memnu）紅極一時，就是一部講述伊斯坦堡的富商在心愛的妻子過世之後，娶了一位非常幼齒的新太太。先前富商就跟這新太太的母親外遇，導致女孩的父親氣到過世。當女孩的媽媽一心準備嫁給富商時，才發現富商要娶的居然是自己的女兒。而擺了母親一道的年輕女孩風光嫁進豪門之後，就跟富商收養的帥姪子看對眼、暗通款曲，可富商的女兒（也就是女孩的繼女）

也愛著爸爸的帥姪子。在大家都沒發現的時候，家裡的僕人還苦情地暗戀著千金（富商的女兒），同時女管家也愛慕著老男主子。這環環相扣又莫名其妙的感情線，引發一場不可戳破的家庭倫理風暴。

最扯的事情是，這部亂愛一把的電視劇風靡了整個土耳其，最後一集全土耳其大概有百分之七十的觀眾都守在電視機前收看。其實它吸引人的理由跟台灣鄉土劇有異曲同工之妙，劇情誇張無極限，但慶幸的是還有點邏輯，不會像台灣鄉土劇那樣死了又復活。加上男女主角的臉蛋沒話說，反正婆婆媽媽在家也沒事，當然也就找不到不看的理由囉。

就像中國不斷出產清裝劇一般，對於逝去的奧斯曼帝國榮光一直無法忘懷的土耳其人來說，古裝劇也是無法忽視的一類題材。前兩年播出了一部《帝國傳奇》（Muhteşem Yüzyıl），講述奧斯曼帝國最鼎盛時期的「蘇萊曼一世大帝」與波蘭裔「許蕾姆皇后」之間的愛情故事，其中交錯著當時的奧斯曼帝國擴張史與後宮的權力鬥爭，堪稱是土耳其版的《後宮甄嬛傳》。裡頭的服飾與宮廷禮儀也如《後宮甄嬛傳》一樣講究，看起來目眩神迷，雖然「蘇丹」（源自阿拉伯語，用以尊稱國家統治者與國君）的頭快禿光，但還有眾多嬪妃的爆乳裝可看，所以一樣精彩。有的人批評這齣戲把偉大的蘇萊曼一世大帝描寫得太過淫亂，但我想這是因為大部分的人都沒有在看蘇丹說正事，而是把焦點放在他不斷撫摸女人的手以及臨幸的戲分上。只能說瑕不掩瑜，《帝國傳奇》再次掀起熱潮，並超越《禁忌之愛》，賣出四十多個國家的版權，全世界將近有兩億人口看過，連中國大陸也首次引進土耳其劇播放，可知這部片有多炙手可熱。

當然，土耳其電視台也會買下歐美很受歡迎的影集翻拍，整組換成土耳其人演，不得不說有時真的青出於藍，但不知道是不是因為場景換到博斯普魯斯海峽旁的別墅。當然土耳其人也看外國電影或是影集，但就跟台灣的韓劇一樣，一定要配音，我就曾在電視上看見《大長今》操著一口字正腔圓的土耳其伊斯坦堡腔。轉到電影台，成龍跟李連杰除了揍人之外也會講土耳其語，看的時候完全無法投入劇情，只是覺得明明講起來那麼不一樣，憑什麼他們的嘴型可以對得那麼準。前幾年在土耳其的語言班的時候，由於我的同學多數是家庭主婦，一大早開始都得先聊半小時蘇丹的話題才能開始進入正題，老實說我完全是因為同儕的壓力而跟著看，不然就只能當個邊緣人，因為連老師也在看，但這種重回八點檔的感覺，既復古又有趣。

土耳其的電視劇對我們遠東地區的人來說雖然相當陌生，可是對鄰近國家甚至是阿拉伯及東歐地區的人而言，追土耳其連續劇就跟我們追韓劇一樣，是件相當時髦的事情，因為土耳其等於是那個區域的潮流中心。問問土耳其人，每個人都有一部在追的電視劇，有清新的愛情蠢劇，也有種族屠殺下的悲戀，不然就是窮人家的女兒因狸貓換太子而性情大變，反正每個人都可以找到一部喜歡的劇，相信你也可以找到一部為之瘋狂的土劇。

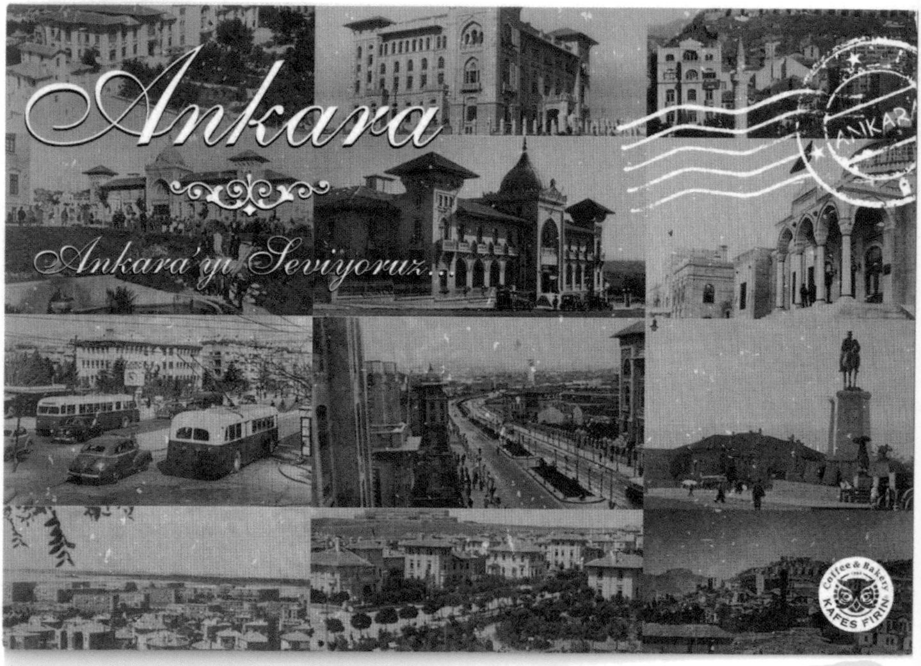
Ankara
Ankara'yı Seviyoruz...
ANKARA
Coffee & Bakery
KAFES FIRIN

品味 風格

①

有錢 沒錢 好生活

繽紛的行動清掃用具小販。

伊斯坦堡是全球億萬富豪城市排行榜排名第四的城市，光是伊斯坦堡就有三十五位的億萬富翁。這樣一看，大概會認為土耳其是個極盡奢華且物價高昂、讓人無法親近的地方吧！可土耳其神奇的地方就是，最富有的人以及最貧窮的人都可以在土耳其找到一個適合的棲身之處與生活方式。

先來講住的地方吧。在土耳其，生活比較優渥的人都嚮往能在博斯普魯斯海峽兩側擁有一棟透天別墅以仰望跨海大橋的美景，或許再購入一艘小遊艇當作去對岸的代步工具；經濟條件不好的人，可以選擇在市區租個房子，方便通勤工作。市區裡的房子再怎麼樣差，也租不到像台北市這種一間公寓隔成八間，每間都密不透風的小套房，一樣的價錢可以找到有房間、客廳、廚房、浴室一應俱全的家。另外，或許到距離都市有一段車程的郊區，買一棟或是租一棟周圍有田有地的地方也是一種選擇。郊區雖然不如都市繁華，但除了花費便宜，也可以擁有比較清淨的生活。若住在鄉下還可以在農地生產作物或是放養牲畜，多少也可以賴以維生。

吃的方面，富有的人大概可以預約小山坡上隱密的莊園，在草坪上享用精緻的土耳其料理，順便遠眺城市的夜景；或是到高樓上的頂級西餐廳，在半戶外的陽台上，邊吹著晚風邊享用著燭光下的國產葡萄酒；亦或是到一間隱藏在高級社區裡的烤肉餐廳，四周圍著綠色的樹叢，白色的桌巾上有幾個高腳杯，點一份烤雞翅套餐、現烤的餅、還有三、四項小碟沙拉，盤上是煮得恰到好處的米飯與烤蔬菜，配上多汁鮮嫩的雞翅堪稱是完美。

沒這麼寬裕的人，也可以到海峽旁邊的咖啡店或是茶店，只要點一杯茶，一樣可以迎著晨間的涼風，看著渡船通過海達爾帕夏火車站。或是到比較熱鬧的街上，晚上可以坐在小坡上餐廳的二樓啃著沙威瑪，整個城市的美景、燈光照亮的清真寺也是盡收眼底。此外，一樣的烤雞翅還可以從外送網上搜尋價格便宜兩倍的小店家，不到半小時送到府時，雞翅還是熱的，雖然從白色的盤子變成白色的保麗龍，該有的沙拉卻一樣也沒少給，整個餐盒滿到蓋不起來，就算沒有餐巾，用手直接拿起來啃一樣是津津有味。食物的等級一定會有差別，可只要符合胃口也可以得到幸福感。

想要喝一杯的時候，在充滿地中海氣息的海鮮餐廳裡點一瓶茴香酒，由制服筆挺的服務生倒上冰涼完美比例的獅子奶，輕碰杯緣細細品嚐，還可以再配上侍者呈上的五花八門冷碟小食。石頭小街邊

土式麵包夾肉丸與米布丁，所謂的土式速食。

伊斯坦堡藍到不行的海峽，是人人都可以享受的美景。

上，有著隨意擺放在人行道上的矮木桌、藤編小凳子，只要凳子上鋪塊土耳其花紋軟毯，一樣可以暢飲茴香酒。雖然沒有服務生盡善盡美的服務，但可以與朋友相互斟酒，從冰桶中夾上兩塊冰，倒上開水就能調配出屬於自己的乳白酒，隨便三五好友也能度過愉快的夜晚。

富有的人，自家門口就有下海游泳的地方，再不然也可以開著自家遊艇到海上釣魚、曬日光浴。到其他城市也可以入住高檔酒店，享受全天候的頂級設備，不怕找不到，只怕沒有錢。沒有錢的人，則可以帶著釣具走到海的任何一邊垂下釣竿，想要游泳的就穿條泳褲，從路邊直接跳下海，不然花點船費到島上跳也是可以，再進階一點，就跟大夥一起簡單付個人頭費，搭上遊艇到地中海中間，船上也有廚師料理食物，除了陌生人多了點，享受倒是一點都沒扣分，其實說穿了，海也是同一片，跟家財萬貫的人去的一樣藍。

對土耳其人來說，享受生活不一定要有錢人才做得到，說是自得其樂也好，但活在世界上若是為了錢丟失了生活品質，實在是太可惜了！

他們好像不如意看看海就會好。

路邊常見的鞋匠們。

② 度假 哲學

夏天去土耳其他們的機關辦事時，常常會聽到某某人不在，去「塔剎」了，下次再來！還沒說兩句話就被打發走。「塔剎」是土耳其文的「Tatil」，意思是「假期」。土耳其人平均一年會度假兩次，可以去海邊玩水也可以去山上滑雪，從春天開始，全土耳其的人都開始心心念念著要去度假。度假的風氣在土耳其很盛行，對每個土耳其人來說是一種習慣，從來不考慮要不要去，只會考慮要去哪裡。有些經濟比較寬裕的家庭可能還會有「yazlık」（夏天的房子），也就是說住在內陸的家庭可能會在沿海地區買一棟房子，全家人在夏天度假的時候一起到那房子住一、兩個月，其餘時間或租或空著，簡單來說就是為了度假方便而買的。

土耳其光是國內就有許多可以度假的地點，因為三面環海，只要碰到海水的地方就是度假的地方。雖然可以搭飛機或是客運去度假地，但土耳其人常會選擇自行開車，因為每個地方都很大，自行開車除了可以邊走邊玩，也不用擔心會有交通不便的情況。但這換來的代價是常常要開十多個小時的夜車，年輕人的話通常會兩、三個同行，就可以換手輪流開車，但帶著一家大小的老爸可就沒辦法了，不過土耳其人似乎習以為常，只要能去度假什麼都好。身為外國人，當然也要入境隨俗，每到了度假旺季，我也會選擇一個臨海的城市去住個幾天。

土耳其的海邊有很多種，接近海峽的地區海深不見底，底部多是岩石，路邊不會設置護欄，想下海的人隨時可以跳進去。黑海地區有沙岸也有岩岸，西部與南部的沙灘不同於北部，比較平緩，踩到水之後的好幾公尺都維持差不多的深度，所以比較受歡迎。這些地方，其實土耳其人沒有特別在維持，但我見過的海水都很清澈，在太陽的照射下，海就是寶藍色的閃閃發亮，一點都不誇張。看著這樣的海水任誰都會感到心情開闊，生活上「阿雜」的心情瞬間煙消雲散。夏季風光明媚，放眼望去沙灘上排滿了一條一條的躺椅，躺椅上也滿滿都是人，有土耳其人也有來自世界各地的外國人，尤其是東歐跟俄羅斯語系國家，因為對他們來說，到土耳其度假，又省錢、太陽又大，比其他地方划算多了。

去了土耳其，每個女性朋友都會改穿比基尼泳衣，不是因為在國外而大解放，是因為在海邊看到的女性大部分都穿比基尼，去到那裡不穿比基尼反而顯得奇怪。土耳其包頭巾的女性不少，不過在相對開放的海邊，倒是很少見到所謂穆斯林泳裝的女子，大多包頭巾的女子是穿戴整齊、負責顧包包的。幸運的話，偶爾還是可以親眼看見真正的穆斯林泳裝忍者出沒，聽說保守派的泳裝忍者都會有男女分流、特定的游泳地，或是只在私人別墅裡聚會，不是隨意可以見到的。泳裝忍者的泳裝大部分是長袖，跟忍者與蜘蛛人的服裝類似，很令人好奇，但在土耳其真的很少見就是了。

另外，在海灘上曬日光浴的人真的很多，與亞洲人猛防曬相反，他們都崇尚把皮膚曬黑，才能在回去工作崗位時告訴大家自己去度假了，但其實土耳其太陽之毒烈，不用特別去曬就可以變黑。而去海邊度假的流程大概就是，在住的地方吃頓豐盛的早餐，然後到海邊簡單游個泳之後吃午餐，接著到沙灘上選一個有陽傘的躺椅，點杯飲料躺上一整個下午，下海泡一泡起來就睡個午覺，睡醒又再下去泡泡，之後起來再曬曬太陽，無限輪迴直到晚餐時間。到了夜晚，各個度假勝地也會有半開放式的夜生活區，雖然城市裡也有許多娛樂場所，但比較起來，度假區的多了更強烈的玩樂氣氛，感覺起來又更好玩一些。

根據我的觀察，度假的習慣不只促進土耳其國內觀光產業活絡，也使得家人、朋友間有個合理的理由多相處。一年之中總有為生活倦怠之時，不管富有或貧窮，大家都會去度假，人們也因為靠著度假的放鬆，保持身心靈健康，才能又有活力面對生活。但在台灣每逢連假，大概就會想到塞車還有人擠人的情景，一點都不吸引人，更別提好好放鬆休息一下。土耳其與台灣關於度假的概念是很不同的，土耳其人的度假是找個風光明媚的地方放慢生活；台灣人的度假是去一個特別的景點，做某些特定的事情。不同的度假習慣也造就不同的感受，現在我也漸漸捨掉去特別景點「朝聖」的行程，學習土耳其人的「度假就是大

土耳其度假勝地，「死海」（Fethiye）。

放空，想幹嘛就幹嘛！」的理念。一來免了行前做一大堆規劃，二來也沒有行程跑不完的壓力與遺憾，而且還能夠多花點心思與時間拿來與自己以及和旅伴相處，豈不是一舉數得！

伊斯坦堡王子群島（大島）上排隊的馬車。

③ 關於 打扮

土耳其人的長相可以說天差地遠，皮膚白、金頭髮、綠眼睛，或是黃皮膚、黑頭髮、黑眼睛都是土耳其人。但土耳其人的穿衣風格與歐洲人比較接近，關於打扮會有一些無法忽視的共同原則：土耳其有很多的女性習慣性染髮，所以常常會看見黑眉毛卻有著金色或是咖啡色頭髮的人，可是因為金髮或是褐髮的人也很常見，有時候還真看不出來是染的。

土耳其人跟東方人的髮質不同，一般比較粗硬，還會有明顯的自然捲，所以造型上也有不同的追求。土耳其人對於剪髮有沒有剪出造型並不特別在意，所以很少看見設計師在剪髮方面有特別出名的。如果到了土耳其，千萬不要輕易地想在異地換個髮型，因為除了得不到想要的服務之外，髮型設計出來失敗的機率也很大。曾經有個朋友帶著字典去剪，想說再怎麼樣也不要因為語言的問題造成遺憾，但結果出來還是遺憾了，甚至眼淚都要奪眶而出。

相比之下，他們比較注重做造型，在髮型沙龍裡針對女性有個服務叫做「fön」（鳳），就是吹整造型的意思。「fön」有幾種固定的款式，像是吹直、波浪狀、小捲捲……等，造型師揮舞著吹風機，不一會兒功夫，頭髮就完全變了樣，從來不知道光靠吹風機就可以搞得那麼誇張。最後只要再噴上僵硬到不行的定型劑，參加婚禮不管民俗舞蹈要搖擺幾小時，頭髮都不會走樣。男生的話比較簡單，會造型的人大概就是讓頭髮立起來（有頭髮的人），不過有一款男生塗的不知道是什麼髮膠，又亮又硬，頭髮會變成一束一束非常不自然，我強烈懷疑那就是加速他們禿頭的真兇，非要等到頭上剩下一朵輕飄飄的浮雲，才會放棄塗抹這樣產品的念頭。

土耳其一年到頭都有豔陽高照或是雪地太閃亮的時刻，所以幾乎人人都戴太陽眼鏡，太陽眼鏡對他們而言不是種流行，而是種保護。而路上的年輕男女最常見的模樣就是牛仔褲系列，女生多配T恤，男生除了T恤大概就是Polo衫跟襯衫。T恤的顏色，越「土」的人越喜歡飽和的正色系列，像是紅色、綠色、黃色等紅綠燈三色就相當受青睞，總之顏色亮眼是關鍵。當然女生也會穿比較歐美系的洋裝出門，宗教世俗化的土耳其已經很習慣這些，大城市裡針對女性的穿著不會加上過多的道德眼光，不過在比較沒那麼開放的區域，為了安全著想還是得注意。

女性安全穿衣的規則是「露上不露下」，也就是上衣可以低胸，但褲子最好不要短到大腿的中上部。這跟我們認為的似乎不太一樣，因為在我們的認知裡，胸部是比腿更有性暗示的地方，但不知是不是因為那裡的女孩子普遍豐滿，露出腿部反而是比較有勾引人的暗示。總之，有時我在路上看見上身包很緊、下身卻穿極短褲的女性觀光客，都會替她們捏一把冷汗。

另一派是包頭巾的婦女，他們利用各種顏色

或是花色的頭巾變換造型，材質也有分絲的或是棉的，而其身上則是穿著黑色或是卡其色的長風衣。對穆斯林女性來說，最重要的是得包覆著頭髮，而在土耳其的標準下，臉部全部露出無礙，並不像是阿拉伯地區的婦女得穿全黑式的罩袍。

有一種流派的年輕男女則熱衷於運動長褲，這種長褲並不是想像中的時髦、緊身，或是高科技材質的排汗機能褲，而是只能去比較地方性的市集或是路邊攤才買得到的棉質運動褲。這種運動褲的樣子有點像是老派的國、高中運動制服，兩側有著白色線條，腰部是鬆緊帶，褲管不束口，是常常可以在清晨的公園看見老伯伯穿著跑步的那款。而且如果要跟上這個流派，還得買紅色或是綠色的才算入流。至於上半身，得搭配白底的T恤，至於鞋子，則要搭配白色運動鞋。

接下來，如果身上得背個包包的話，一般女性還是以肩背包為主，尤其年輕女生還滿多人熱衷於小包包的，不管是什麼樣的風格，出門都會斜背一個小包。男生的話，除了必要的公事包或是後背包，平常比較少會提個包包出門，像是有些東方男生會帶中性款的肩背包，但在土耳其不會看見這種景象，最多只會手提一個像是霹靂包大小的小提包，甩呀甩的，就放一些他們最重要的電話、香菸、錢包在裡面。

最後，要跟上土耳其人的穿衣風格，也千萬不能忘記鞋子這部分。男生喜歡穿尖頭的運動鞋或是皮鞋，但在路上看見的運動鞋有一半是山寨版，另一半則是看起來像山寨版的正版。聽說皮鞋頭越尖的男人越自戀，我認為這個理論很適合土耳其男人。而女孩們則喜歡穿鞋底薄到像是平踩在地上的娃娃鞋還有帆布鞋。除了去海邊之外，不管男女很少看見有人直接穿著夾腳拖出門，很大的原因是他們一天要走的路很多，夾腳拖不適合他們凹凸不平的街道。

打扮與穿著，有時真的要因地制宜，卻也是很容易被潛移默化的地方。關於品味，我只能說人啊，有時候還是要保持著自我風格才是。

土耳其女生的穿搭風格參考。

土耳其女生也挺愛洋裝小包包風。

④

味覺失調

眾所周知土耳其是美食之邦，照理說，土耳其人應該也會像刻板印象中的法國人一樣，擁有敏銳的味覺還有對食物原味追根究柢的精神。但每每與他們同桌吃飯時，還是有很多景象讓我不解。

第一，重鹹。在土耳其餐桌上最常見的調味料就是鹽跟胡椒，鹽罐與胡椒罐就像雙胞胎一樣總是一對。要判斷何者為鹽、何者為胡椒，如果沒有透明的地方可看，那麼最常用的辨認方法就是靠上面的孔。一個孔的是鹽，超過一個的是胡椒，對吧？但在土耳其的餐桌，想在肉上灑點胡椒提味時，自然地拿起三孔的罐子一倒，「！」怎麼跑出來的是白色的粉末。是的，在土耳其，其實多孔的是鹽，單孔的才是胡椒。會變成這樣只有一個很大的原因，就是在餐桌上土耳其人對鹽的需求遠大於胡椒，所以以實用的角度來說，當然是孔多的拿來裝需要多灑的鹽。

還有，要是一同用餐的時候稍微觀察一下，就可以發現土耳其人灑鹽灑得相當頻繁，其實土耳其菜中很少單吃會覺得味道淡的菜色，因為要搭配主食麵包，所以菜一定得適度調味到與麵包搭配會剛剛好的程度，而且就連米飯也有加鹽調味，所以應該不至於會淡而無味到需要灑鹽的地步。至少對我而言，在土耳其還沒有感覺過食物沒味道的時候。

但是，一頓飯下來，連最清淡的沙拉都會看見土耳其人有如機器般的動作，拿起鹽罐就倒，還灑個四、五次才肯罷休。另外，主菜不管是烤肉或是燉肉，很多人是味道連嚐都不用嚐，先倒鹽再說，因為他們判斷一定不會太鹹，光是在旁邊看，我都覺得要鈉中毒了。有時候在家煮飯，室友偶爾會一起吃，如果他加入的話一定要先把鹽罐放在餐桌上，省得他一直跑廚房拿鹽巴，因為遠東人的炒青菜對他來說一點味道都沒有。

第二，重甜。土耳其紅茶旁邊會跟著一個方糖罐，小小一杯濃紅茶，要加糖的人一定得丟兩顆才行。如果在腦中搜索傳統的土耳其甜點，實在無法想到任何一種可稱得上微甜的，九成都是

店家的土耳其軟糖櫥窗。

「甜得要死」。土耳其最高檔也是必吃的甜點應該是「果仁蜜餅」（baklava），有吃過果仁蜜餅的朋友大概都知道，這裡頭除了有頂級開心果或是核桃仁之外，每一層皮都浸過糖水，用叉子往下一壓還可以擠出汁來，每次吃小小一塊剛剛好，一般外地人很少能吃超過兩塊。

開齋節又稱糖節，齋月時會有限定版的甜點叫做「güllaç」（股辣取），是從奧斯曼帝國時期就流傳下來的點心，它的樣子總被我的朋友說是泡水的衛生紙，因為「güllaç」的做法是用薄如紙張的乾麵皮泡入牛奶糖水裡，最後再加進玫瑰水製成。每到過節的時候，常常會吃到這個甜點，除了無可避免的甜牛奶玫瑰汁，用叉子切開時，每一層都會再流出乳白色的糖水。

甜到深處的應該算是街頭甜點中的「lokma」（摟可罵）炸麵粉甜點，還有一個是「lokma」的兄弟，也是用麵粉做成，叫做「tulumba」（土

喝土茶，要甜，兩顆糖是基本。

掄吧）。這兩種甜點到處都在賣，表面黃金透亮，除了裡面吸飽了糖漿，外層也緊密地包覆著一層油亮、透明的糖。話說有天在跟我的浮水畫老師吃下午茶時，他突然跑去買了一包剛出爐的「lokma」給我，說這是他最愛的甜點之一。在老師的盛情之下，我當然沒有拒絕吃的理由。「lokma」聞起來有一種台灣炸雙胞胎的香味，拿在手上還溫熱的，咬下的瞬間，「噗嗤」，不出我所料，糖漿簡直像是海嘯一樣倒灌進我的嘴裡。其實沒有不好吃，但我本來就不太吃甜食，何況是糖漿像不要錢似的甜食。當下，我邊在內心咆哮「為什麼這麼甜」，邊吃完了整包，但看見對面的老師吃得津津有味，只能深深佩服他們嗜甜的實力。

如果家裡買了一盒巧克力，土耳其室友總是會先選牛奶巧克力，而遠東室友則是一股腦地吃黑巧克力。我常常回想，土耳其的甜點到底是什麼味道，可最後總是只想到很甜，在這個情況下還能夠幸福品嚐的土耳其人，味覺真的沒問題嗎？

5

黑海 人

土耳其北部面臨黑海，所以在地理上黑海沿岸地區被劃分為黑海區。黑海區氣候濕潤、綠意盎然，是土耳其主要茶葉產區。土耳其人都聲稱黑海區的人們有自己獨特的邏輯與思考模式，並統稱他們為黑海人，而黑海人自己也常常自嘲，他們跟其他地方的人相比，古怪到有點可愛，所以出現了很多以黑海人為主題的笑話和俗語。

黑海人常被調侃鼻子很大，實際上對我們東方人來說，他們的鼻子的確也很大，但等大到一個程度之後，其實也就無法分清楚XL與XXL的差別了。曾有專家提出，東黑海地區的人因為大鼻子影響了呼吸，所以常會罹患鼻軟骨以及其他的鼻部疾病，也有某些家族有先天性鼻骨歪斜的問題。黑海人到底是不是都是大鼻子很難說，但「Karadenizli Burnu」（黑海人的鼻子）有時會用來形容人的性格獨特，具有黑海人的思考邏輯。關於黑海人的邏輯最常見的例子是，一般裝電燈泡時，會扭動手腕來把燈泡轉入燈座上；黑海人則是手腕不動，整個人跟著燈泡轉圈，使燈泡扭入。還有要坐到鋼琴前面的時候，我們會拉動椅子來調整距離；黑海人會把整架鋼琴拉近自己。

另外一件真人真事，使我完全折服在黑海人的古怪裡。有個中年大叔阿里先生不住在黑海地區，但祖籍上算是黑海人，某天阿里先生在數錢，左手邊放著點鈔海綿，右手邊放著錢，乍看之下整體動作很流暢地不停在點鈔。可走近一看，發現他的動作是左手拇指沾濕後，用右手拇指在數鈔，就這樣兩手很有秩序地動作。阿里先生一左一右地進行點鈔工作是很順利沒錯，但兩隻手完全沒有關聯可言。看到之後，除了目瞪口呆，也只能替他把這一切都怪在黑海頭上。

另外，在土耳其講笑話，要是沒提到「Dursun」（杜爾孫）或是「Temel」（鐵麥）這兩位鼎鼎有名的人物，就連說笑話的資格都沒有。杜爾孫跟鐵麥大概就跟中文裡的小明與小華一樣，但是黑海限定版，兩個人的角色半斤八兩，一樣都很秀斗。最後提供兩則笑話給大家共賞，一起體會黑海人的怪咖魅力！

某天，鐵麥感到心情奇差無比，於是就往一個箱子一拳揮去，但仍然無法排解他心中的不快，這時他又看見了一個瓶子，就往瓶子揍下去。突然，瓶子出來了一個精靈。

精靈：「你有什麼話要對我說的嗎？（讓他許願）」

鐵麥：「對不起。」

某天，杜爾孫去辦事，但除了相關文件外還需要準備八張證件照才能受理。杜爾孫不知道證件照是什麼，所以跑去找他認為的智者鐵麥。

鐵麥：「據我所知，證件照就是只照腰部以上的半身照片。你現在在那裡挖洞，我去拿相機來，照了拿給他們就沒問題了。」

說完，杜爾孫就開始挖洞，而鐵麥跑去拿相機。不一會兒功夫，鐵麥回來了，但看見杜爾孫居然挖了八個洞。

鐵麥：「誒？你幹嘛挖八個洞啊！」

杜爾孫：「不是要八張嗎？」

鐵麥：「吼～白癡耶！我帶了八台相機來啦！」

⑥

藝術家 天堂

土耳其極具地理優勢，先天條件優渥，農產品、畜牧業、海洋資源、礦物資源都是打造土耳其富強的基礎，但我現在要說的不是土耳其人多會種菜、養牛，而是這個神奇的地方不只能生產出有形的物品，還培育出許多藝術家來。若對於現代藝術或是伊斯蘭藝術稍有研究的人，都知道土耳其富含極高的文化質量與藝術能量。在此，就拿占盡了地利好處的伊斯坦堡當作例子，看看到底土耳其是如何培育出對「美」如此講究的藝術家們。

伊斯坦堡可謂天之驕子，要不成為世界注目的地方還真有點困難。伊斯坦堡海陸交錯，美麗的海景唾手可得，不管是在歐洲沿岸或是亞洲沿岸，每個角度、每個畫面的海景都不同。在這裡，一邊可看見托普卡匹皇宮的壯麗，另一邊可以瞧見藍色清真寺與聖索非亞教堂相望，再轉個方向則不能忽略加拉塔石塔聳立在紅磚色的屋頂間。若能站在高處，更可以俯瞰新舊兩城，讓創新與

我的浮水畫老師。

傳統和諧地共存一地。若要靠近一些，可搭上渡輪徜徉在由黑海與馬爾馬拉海注入的博斯普魯斯海峽裡左顧右盼，兩側的陸地藉著跨海大橋各有特色卻毫不衝突地連結起來。畫家即興一個速寫，海天交會獨特的建築線條，為畫做了最棒的基底；攝影師三百六十度隨意取景，每個角度都有味道。

人們透過跨海大橋、渡船或是海底捷運把歐亞兩塊給接上了。透過人的移動，安納托利亞地方的文化也就帶去了色雷斯，色雷斯的歐洲文化相對也會影響到對岸的人們，這些文化的流動完全不輸給海面上的波濤洶湧。看不見的還有在這塊地方留下各種痕跡的歷史，奧斯曼帝國晚期也如同中國清末，面對列強侵佔瓜分卻無力抵抗，導致西方列強也紛紛進駐伊斯坦堡，加上後來土耳其國父凱莫爾的西化風格，伊斯坦堡不但有傳統的土耳其式皇宮，也有非常洋派的多瑪巴切皇宮，水晶與白色的城牆映照著海面，炫目耀眼。從塔克辛廣場沿著獨立大道行進，兩側有許多歐洲國家大使館依舊設立在此，連棟的歐式樓房，裡頭賣的卻是道地的土式料理。即使如此，土耳其人早已見怪不怪，這種土歐交錯的情景已經持續了幾十個年頭，樓房上的雕刻圖樣對比伊斯蘭的圖像花紋，陶瓷及雕刻藝術家正巧可以對著這些花紋比劃，想著如何創造出屬於伊斯坦堡的紋路。

古今交錯，舊城區裡最進步的交通工具行駛在最古老的石頭街道上，路面電車一趟坐到底，窗外一閃而過的景象瞬息萬變，往後頭的巷子一

first came across the art of Ebru (marbling) while at university. She continued to pursue this interest with Hikmet Barutçugil and Fuat Başer.
After having worked for some time as an English teacher in middle schools, the artist opened her own studio where she carries on her work in Ebru, while also pursuing calligraphy lessons with Hüseyin Kutlu .
In order to widen her skills, the artist also took a one year course at Kubbealtı in Tezhip (illumination)
She continues to work as an advisor in Ebru at the studio of Ayla Makas Ebru Studio
ve Geleneksel Sanatlara ilgi duyan sanatçı daha çok ebru ve hat sanatında yoğunlaştı. Bir süre ortaöğretim kurumlarında İngilizce öğretmenliği yaptıktan sonra tamamen bu iki sanatta profesyonel olma kararı aldı. Kuyucu Murat Paşa'da Nur Taviloğlu'yla başlayan Ebru sevdası, Fuat Başar ve Hikmet Barutçugil'le devam etti.
Hat sanatına ise değerli hocası rahmetli Ali Rüştü Oran'la başladı ve halen hocası Hüseyin Kutlu'yla devam etmektedir.
Türk Kültürüne Hizmet Vakfı Caferağa Medresesi'nde ve Ayla Makas Ebru Atölyesi'nde Ebru dersleri vermeye devam etmektedir.

浮水畫老師 Ayla Makas 的介紹。

AYLA
MAKAS

與浮水畫老師 Ayla Makas 合照。

探，古老的建築卻開著最新流行的商店。反觀新城區，嶄新的瀝青道路上面還是有二、三十年前的舊汽車引擎轟隆轟隆地帶著些許雜音開過，摩登的高樓大廈中間夾著用石牆圍起的清真寺，喚拜塔跟大樓交錯卻一點不顯突兀。

伊斯坦堡這裡的人們來自世界各地，住在這座城市裡，五百公尺內大概就可以看見五大洲的人，黑人、白人、黃種人，每個人都帶著一點點的自己而來，然後又分享給別人一點點，再吸收好多個一點點合在一起就是個全新的人，大概這就是伊斯坦堡對藝術最大貢獻的地方。由於每個人都接收到異文化的一點點，因此思想活絡，絲毫不受空間、地域限制，可以自由選擇喜歡的生活、喜歡的樣子。在這裡，生活經驗堆砌出自我風格。

伊斯坦堡人見多識廣什麼都不覺得奇怪，而這個特質也使他們多了很多元素可以創作、想像，不論是平面還是立體，伊斯坦堡都培養出無數在世界發光的星星。如果你對藝術也有興趣，建議你親身體會這個妙不可言的地方，無論在世界各地見過多少風景，絕對找不到第二個像伊斯坦堡這樣的城市，每個人都可以在這裡找到喜歡的角落。

我正利用浮水畫繪製風信子。

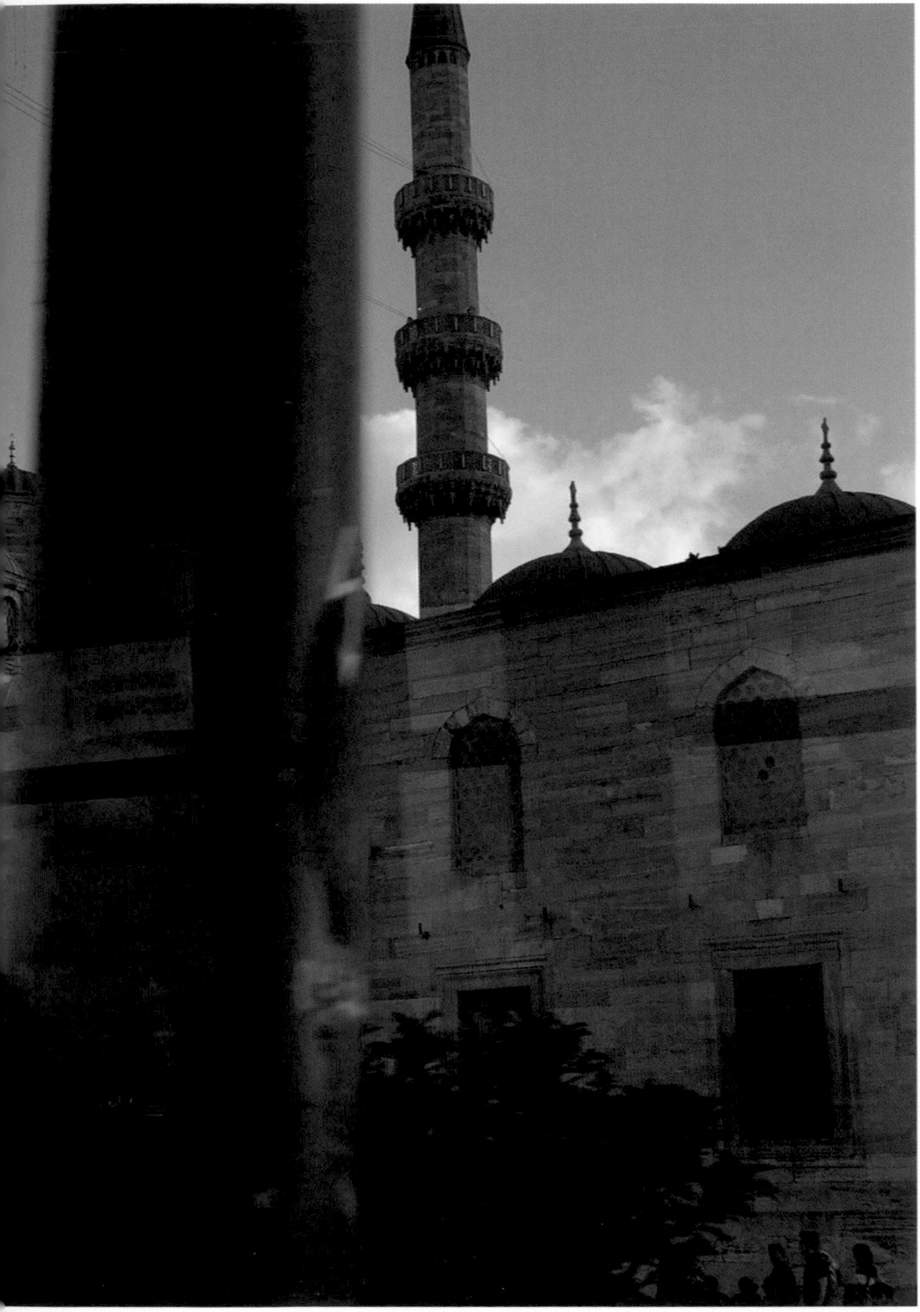

美麗的清真寺建築。

伊斯坦堡歐風式的建築。

在多瑪巴切皇宮前拍婚紗照的新人。

伊斯坦堡小咖啡店內。

7 伊斯坦堡的 文青潮

伊斯坦堡是個很有味道的城市，不管是偽文青還是真文青都會真心喜歡的地方。

一般所謂的文青，是從英文「hipster」的概念而來。但今天不講解文青的由來，而是要跟大家分享土耳其這聽起來彷彿跟文青壓根兒沒關係的地方也有文青這件事。文青在土耳其其他城市的確是很少見，不過這文青潮似乎也悄悄地進入了伊斯坦堡，並開始大肆擴張。從客觀的角度來看，伊斯坦堡其實滿適合文青們生存，像是東西交錯的風景很適合攝影、可以自在地抽菸、離歐洲很近、很多復古以及真的很老的東西還依舊在使用中、手作的東西一大堆、有機的東西也一大堆、交通狀況讓人永遠找得到理由耍憂鬱……等，通通都是備受文青喜愛的特點。

土耳其文青常出沒的區域在歐洲岸（指伊斯坦堡的歐洲區，因為伊斯坦堡包含了歐洲大陸與亞洲大陸，中間有海峽切割，所以歐洲岸就是屬於歐洲大陸的地區），有「貝伊奧盧區」（Beyoğlu）、「獨立街」（istikal Caddesi）、「吉漢吉爾區」（Cihangir）；在亞洲岸的話是「卡德柯伊區」（Kadıköy）以及上面的「莫達區」（Moda）。歐洲岸這幾區的主要道路聚集著人潮，不過拐進巷子裡，瞬間安靜。拐進去的道路窄小陡峭，是彎來彎去的石頭路，走久了會有點吃力。至於景觀，整排有點歐風的建築夾雜一點土味，不時可見古董店把絨布椅子丟在門口。偶爾也可見夾在住家間的咖啡店或小吃、閒著沒事坐在石頭階梯上的大叔、或跟雜貨店閒聊的茶人，一派輕鬆。小巷的房子都很有歷史，裡面住著很多外國人與土耳其剛入社會的年輕人，這些都是在大城市求生存的人們，或共同分租或住單人閣樓。而獨立街雖然是個大眾流行文化集散地，可代表的意義卻是「突破」，每當有抗議或是同志大遊行一類的活動時，人們的首選就是獨立街，它是表現新力量及新訴求的地方。

土耳其的貓好～多，隨時可以跟他們說嗨！

亞洲岸則算是伊斯坦堡新興的年輕人勝地，藝術相關或是自營手作小店林立，還有一整條酒吧街與土耳其咖啡街。沿著港邊可以搭乘地面纜車上到莫達區，莫達區一點都不大，卻已被視為是伊斯坦堡文青天龍區。穿過沿路的菜市場還有購物區，進入莫達區之後，可見騎樓下擺著的飲茶凳子，穿著入時的年輕人坐著喝熱茶或是咖啡，連鎖超市也開成小而美的精裝版，從小坡上往巷子看，可見到蔚藍的海峽閃爍。有些露天的餐廳在夜幕低垂之際點起蠟燭，吸引路過的美食愛好者。中學後頭的公園還有一些假日市集，也可以在這裡看見價格高昂的有機商店。莫達區有個喝茶的花園，在這裡可以吃早餐或是單純喝茶，從早餐直到天黑，成天都有土文青在這裡曬太陽、聊天，不是在花園就是會在附近的咖啡店待到肚子餓才起身。

土文青的外表跟歐洲文青的風格相近，不過更顯隨性（也可以解讀成邋遢）。男生背著白色帆布袋，穿著樣式簡單的上衣，腳踩帆布鞋或是不穿襪子的布鞋；女生可以穿上洋裝，隨意紮起個包包頭。男生沒鬍子的本來就少，當了文青更方便，自動就會長出配件。根據地方特色，文青的潮流也略為不同，像是土耳其近視的人很少，戴眼鏡的人也不多，眼鏡自然也就不會變成土文青的象徵。而土式料理中少不了肉類與乳製品，所以土文青也不會做作地決定自己是素食者，他們喜歡大口啃肉的習性也拒絕改變。

整體看來，土文青文化跟其他國家的文青似乎沒差多少。我們常會認為文青對生活很有要求、喜歡標新立異，所以不好相處，但對生活在土耳其的外國人來說，跟土文青相處起來反而比較自在。因為他們對異文化的接受度比一般土耳其人開放得多，偶爾也會質疑穆斯林的某些行為或是不將信仰看得如此重，這在土耳其人裡的確是挺少見的情況。在土耳其談論宗教可以說是個很不智的舉動，很少情況下可以完全脫身，土文青能

伊斯坦堡的小咖啡店。

伊斯坦堡小咖啡店內。

伊斯坦堡現代美術館內一景。

伊斯坦堡路上到處都是貓，但這隻很爽地在咖啡店。

這樣跳脫出來評論有時還真讓我驚訝。而接受異文化中也包含他們樂意嘗試異國料理，不太將清真食品或是豬肉製品放在心上，這件事也很難得。因為一般的土耳其人比較不願意嘗試新的東西，尤其對吃的更是囉囉嗦嗦有很多意見，能夠出現這樣主動了解還能喜愛的人，實在難能可貴。

重點來了，雖然土文青有別於一般土耳其人，但說穿了他們還是有著土人底子，很多土人的特點還是存在著，所以也不要將他們當作真的歐洲人相處。撇開文青的框架，我認為在土耳其很容易找到文青所追求的次文化與非主流生活，因為這裡有很多小店。所謂的小店，就是獨立經營的商店，人們來到土耳其，根本不需要在資本主義的籠罩下花力氣特別搜索，人人都可以有自己的私房店。總之，在這裡不需要當文青，也可以很有生活情趣。

8

入夜之後

台北的夜生活世界知名，但其實土耳其人也挺喜歡夜生活的，或者該說土耳其人的時間觀念跟享樂主義拼湊出來的結果就是夜生活。因緯度的關係，土耳其春、夏季的白晝時間比較長，有時甚至到晚上九點天還沒完全黑，而人的天性就是會按照太陽的行程來作息，再加上他們吃個飯、喝個茶都很會拖，隨隨便便就拖過了白天，那麼接下來的生活也只能算在夜生活裡了。

提到夜生活，台北人直覺會想到要去夜店，土耳其也有夜店，不過大概比台灣的更擠，而且同樣外國人很多，人擠的時候甚至得攜女伴才有機會進去，所以偶爾我也會因為這個原因而被邀約。土耳其夜店運作的模式與台灣大同小異，有五顏六色的雷射燈光、震耳欲聾的流行音樂，還有前胸貼後背的人潮。夜店裡放的大多是國際間流行的音樂，除了美國之外，也有不少從歐洲來的音樂，再混合一點當地歌手，聽不出來有什麼比較特別的。

跟要在裡面流汗搖擺的夜店比起來，土耳其人更喜歡去酒吧喝一杯。夜店不見得每個區域都有，但酒吧卻很容易找。某些酒吧晚上會有連著好幾小時的樂團駐唱，有現場音樂可以聽的時候，客人會或坐或站地待在室內，但如果沒有特別活動的話，大部分人會站在門口聊天或是抽菸，只有想認真聊天的情侶或是心情不好的人才會從頭到尾黏在椅子上。有些人喜歡晚上一起喝酒的氣氛，但又想省錢或覺得店裡太擠了而不喜歡坐在裡面，此時就會先把酒買好坐在鄰近酒吧的人行道上。伊斯坦堡的亞洲岸（伊斯坦堡是兩個大陸中間夾海峽形成的，所以亞洲岸就是指屬於亞洲大陸的地區）上就有一條這樣的街，有的人會特別帶酒去那條街上卡位，搞得跟野餐一樣。

酒吧的酒水錢跟台灣的入場費相比還算便宜，觀光地區的酒吧愛出大尺寸的魚缸調酒或是長桶啤酒，而一般的酒吧會有當地以及進口的啤酒。這裡推薦當地的啤酒大廠「Efes Pilsen」，這個牌子的地位差不多跟台灣啤酒一樣，味道也很好，深受大家喜愛，近年來更是不斷推出新產品，去到土耳其絕對不可錯過。但調酒就不是很推，不知怎麼回事，他們調出來的酒不管顏色多粉紅，喝起來酒精味還是很重，或是他們會在烈酒裡加入不同的糖漿，糖漿是糖漿，酒是酒，一點都不搭嘎。此外，土耳其也有自產許多葡萄酒，價格親民，選擇又多，還有茴香酒跟各地的進口酒類，想要在這裡買醉真的是便宜又快！

不管有沒有喝醉，喝了酒之後肚子就會開始餓起來，在台灣，年輕一點的人會去吃涼麵、味增湯，傳統一點的人，則是清粥小菜或是永和豆漿。土人也有這樣的習慣，喝完酒還沒回家之前，會先去喝碗「羊（牛）雜湯」（işkembe çorbası），多數是羊雜湯，是一種顏色乳白色的濃湯，裡面有點碎羊肚，上面會加一層橘紅色的奶油增添香氣，通常除了擠進盤邊附的檸檬外，還會依喜好

土耳其人最愛的宵夜之一，羊雜湯。

我最喜歡的土耳其夜間小吃，烤羊腸。

灑上「阿勒頗辣椒」（Pul Biber）跟「百里香」（Kekik）。羊雜湯之外也可以喝「羊頭湯」（kelle paça çorbası），用羊頭熬出的湯顏色更偏深一點，裡頭的料多了點碎肉及碎羊雜，上面撒上些阿勒頗辣椒，可以配著一點芝麻葉或是大蒜汁。兩種湯的味道都很濃厚，卻可以緩和飲酒之後對胃帶來的不適，據說對因酒精引起的頭痛也有效，深夜天氣涼，一喝整個人都暖和起來，很有療癒感。不想要喝熱湯的人還有「烤羊腸」（kokoreç）、「鐵板碎肉捲」（tantuni）、「淡菜鑲飯」（midye dolma）等幾個經典款可以選擇，這些食物的共同點都是口味重、香料多。深夜罪惡的食物味道總是特別好，個個都讓人回味無窮。

酒足飯飽之後，朋友之間很常出現你睡我家、我睡你家的情況，如果有個會去酒吧的室友，結果就是隔天起床會看見不同的朋友睡在家裡沙發。去酒吧這件事在土耳其很稀鬆平常，他們是會玩樂的穆斯林，且也不僅限於年輕人，無論有沒有工作，晚上都可以出去喝一杯、繞一圈。去酒吧沒有太多的包袱，去了也不見得要喝很多，因為跟喝很多比起來他們更喜歡與朋友見面，東聊西扯地一個晚上就過去了，早上不管睡在誰家，起來又是個正經的上班族，各做各的事去。入夜之後的土耳其，原來還有另一種趣味。

9

又愛又恨

要去土耳其玩？大推！要去土耳其住？要不要再考慮一下……

我會這麼回答的原因不是因為土耳其不好，而是因為連我自己至今都還無法給一個確定的答案。若要說土耳其好的地方、喜歡的地方，多到講不完，但每個喜歡後面都會伴隨著一個相對的不喜歡。同樣一件事情在土耳其，就是讓你無法全心全意地給予正面的評價。

我喜歡土耳其的四季分明，到了時間就可以完全換季，不必在整理衣服的時候猶豫不決；我不喜歡下雪的時候，他們任憑雪在路上結了冰卻不清除也不預防性撒鹽，讓路上的行人常常摔到屁股瘀青，也讓車子難以順利前進。我喜歡固定出現的農夫市集，裡面的蔬菜水果比超級市場裡的新鮮百倍，菜販們也都人很好，會替你挑品質好的或送點小東西；我不喜歡他們連一顆蕃茄也要跟你討價還價，只為了所謂的殺價遊戲，更不喜歡菜販只賣你幾顆馬鈴薯就要問你的身家背景。

於伊斯坦堡享受愉悅的生活。

很好逛、很好找新東西的伊斯坦堡塔克辛獨立大街。

隨處可見盛開的花朵與豔陽。

我喜歡吃土耳其菜，尤其是家庭料理，還特別學了一些家常菜以便想到就可以自己做著吃；我不喜歡被畢生沒嘗試過其它國家料理的土耳其人強逼我認同土耳其料理是世上最棒的美食，或是土耳其甜點是世上最讓人回味的甜食。我喜歡共乘車制度，可以讓我在家門口下車，駕駛也會很善良地在陌生的地方指引方向；我不喜歡共乘車之間為了搶客忽視交通安全，或是收取費用的時候為了不到幾里拉而亂找錢。

我喜歡土耳其人的古道熱腸，主動幫忙或是主動關心；我不喜歡幫忙過後會進而刺探你的背景或是認為你該回報的心情，有時甚至變成騷擾。我喜歡土耳其人比較樂觀的生活態度，也羨慕他們忠於自我過活的能力；我不喜歡自我過頭變成隨便的他們，如果很多事情都看心情決定，那預約的意義又在哪裡，浪費的時間得找誰去索討。

我喜歡他們為了改善辦事效率，添購新設備

番紅花城內讓人放鬆的街道。

或是建立新制度；我不喜歡新設備或是新制度還沒找到完善的配套措施就莽撞地運行，以致辦事情或是使用新設施反而得花比原來多三倍的功夫才能達到原先的效果。我喜歡他們的人情味，能夠在關鍵時刻不受僵化的規則協助人們；我不喜歡他們講究關係，只要認識什麼國會議員或者是他朋友妹妹的表哥，辦任何事情的速度就會快一點、程序簡單一點。

這樣矛盾的場景層出不窮，每當你覺得土耳其很美好的時候，就會有一件事或是一個人讓你徹底失望；每當你認為這地方讓人待不下去、感到絕望的時刻，又會有一件事或是一個人把你從谷底拉起來。這種又愛又恨的情緒大概就是土耳其的特色，不管你認識「他」再久，都是這樣。如果你喜歡這種激烈的風格，那歡迎到土耳其。

(*)

土耳其小地圖

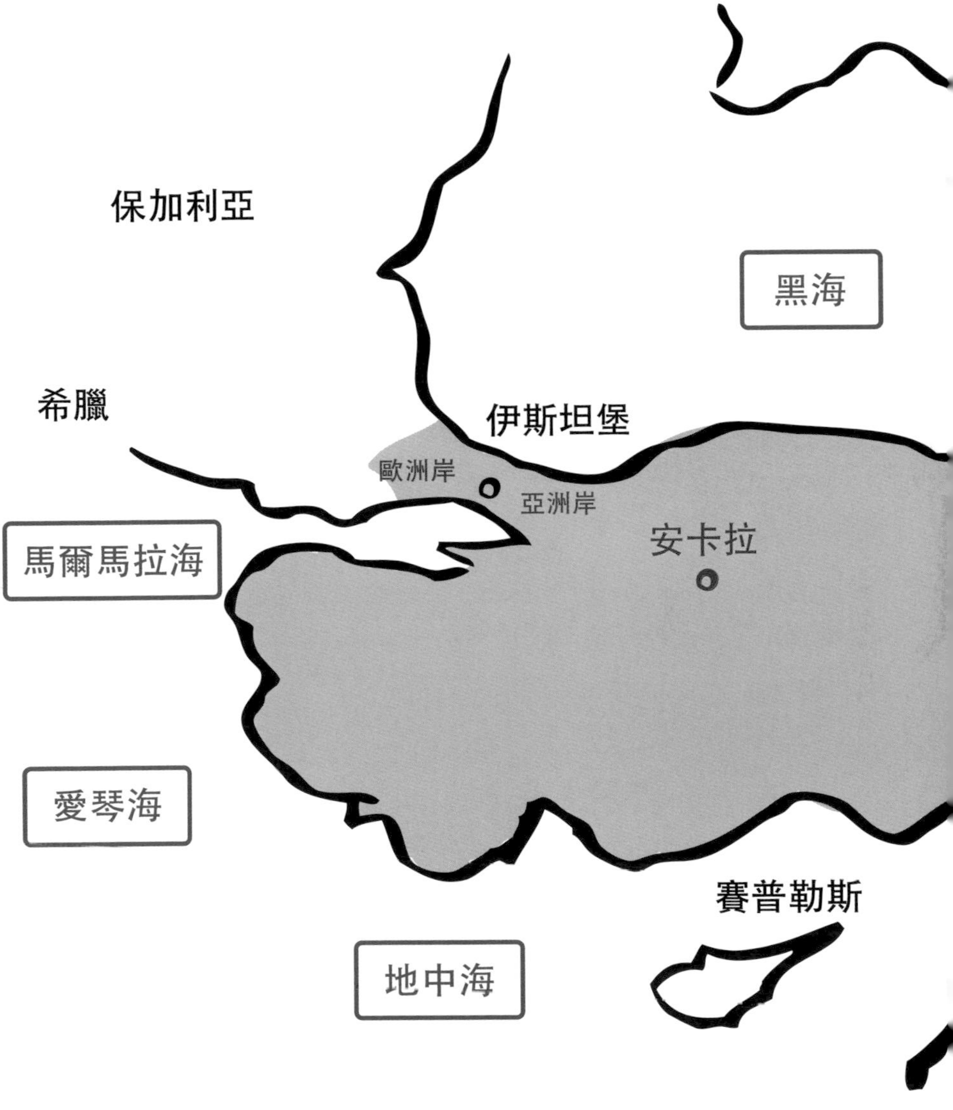
保加利亞
黑海
希臘
伊斯坦堡
歐洲岸
亞洲岸
馬爾馬拉海
安卡拉
愛琴海
賽普勒斯
地中海

FUN世界系列 03

四分之一土耳其： 土耳其文化、美食、生活、風景的觀察筆記

文字	魏宗琳
圖像	FSHRIMP FANCHIANG
責任編輯	葉仲芸、王愿琦
校對	魏宗琳、葉仲芸、王愿琦
美術設計	陳輝泰

董事長	張暖彗
社長/總編輯	王愿琦
主編	葉仲芸
編輯	潘治婷
編輯	紀珊
設計部主任	余佳憓
業務部副理	楊米琪
業務部專員	林湲洵
業務部助理	張毓庭

國家圖書館出版品預行編目資料

四分之一土耳其 / 魏宗琳、FSHRIMP FANCHIANG著
--初版--臺北市：瑞蘭國際,2015.07
160面；14.8x21公分 --（FUN世界系列；3）
ISBN：978-986-5639-31-0（平裝）
1.遊記 2.土耳其

735.19 104011128

ISBN 978-986-5639-31-0　2015年07月初版1刷　定價320元

出版　瑞蘭國際有限公司
地址　台北市大安區安和路一段104號7樓之一
電話　(02)2700-4625
傳真　(02)2700-4622
訂購專線　(02)2700-4625
劃撥帳號　19914152 瑞蘭國際有限公司
瑞蘭網路書城　www.genki-japan.com.tw

總經銷　聯合發行股份有限公司
電話　(02)2917-8022、2917-8042
傳真　(02)2915-6275、2915-7212

印刷　宗祐印刷有限公司

瑞蘭國際

瑞蘭國際